O mercado gls

Franco Reinaudo e Laura Bacellar

O mercado gls

**Como obter sucesso com o segmento
de maior potencial da atualidade**

© 2008 - Franco Reinaudo e Laura Bacellar

Direitos em língua portuguesa para o Brasil:
Idéia e Ação - Tel. (11) 3873-2062
atendimento@matrixeditora.com.br
www.matrixeditora.com.br

Diretor editorial: Paulo Tadeu

**Capa, projeto gráfico
e diagramação:** Renata Senna

Revisão: Adriana Parra
Alexandre de Carvalho

Dados Internacionais de Catalogação na Publicação (CIP)
SINDICATO NACIONAL DOS EDITORES DE LIVROS, RJ.

Reinaudo, Franco, 1963 -
O mercado GLS: como obter sucesso com o segmento de maior potencial da atualidade / Franco Reinaudo e Laura Bacellar. - São Paulo: Idéia & Ação, 2008.

Inclui bibliografia

1. Homossexuais consumidores. 2. Lésbicas consumidoras. 3. Costumes sexuais - Aspectos econômicos. 4. Consumo (Economia) - Diferenças sexuais. I. Bacellar, Laura. II. Título.

08-3356.
CDD: 330.08664
CDU: 330.567.2-055.34

Para meus sobrinhos Gabriela, Isa, André e Felipe.
Para minha mãe Luisa e meus irmãos Cláudio e Fiorella.
Franco

A todos os que acreditam em mudanças para melhor.
Laura

Observação

A sigla gls, que escolhemos usar em minúsculas para não cansar a leitura, é uma daquelas invenções típicas brasileiras. Costuma ser utilizada para indicar estabelecimentos que atendem sem discriminação a gays e lésbicas – ou seja, deveria ser gl, como no resto do mundo, mas eis que aqui os simpatizantes foram anexados permanentemente ao grupo. Em vários países, entende-se que *gay market* é uma coisa e sociedade simpatizante, ou *friendly*, outra.

O resultado de empregarmos a sigla de forma um tanto indiscriminada é que se começa a dizer estranhezas como "a pessoa gls" ou "os gls". É possível que um indivíduo seja gay ou lésbica ou simpatizante, mas não os três ao mesmo tempo!

No entanto, essa junção tem seu lado bom. No Brasil, o fato de aglomerarmos homossexuais e simpatizantes mostra nossa tendência de não gostar de divisões rígidas e enxergar a todos como pessoas antes de tudo.

Para as empresas, os consumidores-alvo principais do segmento de mercado gls são gays e lésbicas. Mas é bom lembrar que estão acompanhados de amigos, parentes, fornecedores simpatizantes, que podem fazer escolhas pautadas na relação de afeto para com os gays e as lésbicas próximos. Simpatizantes tornam-se também as empresas não focadas especificamente nesse público, mas que o atende de maneira respeitosa.

O segmento gls no Brasil é, assim, um mercado imenso e em grande expansão.

Sumário

Observação 7
Apresentação 11

Parte I | O básico 15
1 | Quem são as minorias sexuais 17
2 | Uma pitada de história 29

Parte II | O mercado gls 39
3 | O surgimento do mercado gls no mundo 41
4 | O mercado gls no Brasil 53
5 | Quanto vale o mercado gls 71

Parte III | O perfil dos clientes gays e lésbicas 81
6 | No que os clientes homossexuais são diferentes
    dos heterossexuais 83
7 | A variedade dentro do segmento gls 95

Parte IV | Kit de sucesso para o segmento gls   113
8 | A empresa amiga da diversidade   115
9 | Como criar produtos e serviços para o mercado gls 127
10 | Como se comunicar com clientes homossexuais   141
11 | Como atender os clientes homossexuais   155

Conclusão   *167*

Anexos   *169*
Anexo 1 | Sugestões de etiqueta glbt   171
Anexo 2 | Glossário de definições e termos sobre
          as minorias sexuais   177
Anexo 3 | Noções difamatórias a respeito das
          minorias sexuais   191
Anexo 4 | Lei nº 10.948, de 5 de novembro de 2001   195
Anexo 5 | Averbação para fins previdenciários
          da condição de parceiros homoafetivos   199
Anexo 6 | Resolução do Conselho Federal de Psicologia
          nº 001/99 de 22 de março de 1999   201

Referências Bibliográficas   205

Apresentação

Sempre existiram homossexuais no Brasil. No entanto, para que começassem a se transformar em *consumidores* homossexuais foi preciso que a sociedade passasse por muitas mudanças. Somente a partir da década de 90 houve clima para que empresas começassem a oferecer abertamente produtos e serviços identificados para esse público, que foi aos poucos saindo do armário em número suficiente para comprá-los.

Estamos ainda passando por esse processo, mas a velocidade das mudanças aumentou muitíssimo no novo século. O nosso país assiste a uma profunda revolução social em relação às minorias sexuais, que se reflete no mercado. O que antes era visto como algo esquisito ou vergonhoso agora se torna uma oportunidade de negócio.

Por ser algo tão recente, os empresários brasileiros ainda não acumularam conhecimentos e experiências a respeito dos homossexuais como consumidores e não sabem muito bem como transformar o ímpeto em atendê-los em negócios lucrativos.

Há muita bobagem sendo feita, dinheiro gasto à toa e oportunidades desperdiçadas, pelo que temos visto.

Resolvemos então, nós dois, autores desta obra, organizar aquilo que sabemos e acompanhamos desde 1994, quando começamos a trabalhar com o segmento gls.

Somos homossexuais assumidos e sempre acreditamos que trabalhar de maneira eficiente para nosso próprio público era uma junção de negócio e cidadania. Para nós, reconhecer os homossexuais e bem atendê-los significa contribuir para uma sociedade mais igualitária.

Inspirados pelo que vimos acontecendo na Europa e nos Estados Unidos, Franco criou a operadora de turismo Álibi e Laura o selo de livros Edições GLS, ambos pioneiros em sua postura declarada de se dirigirem a homossexuais sem discriminação.

O que aprendemos nesse percurso é que o preconceito está enraizado e disseminado na sociedade e na cultura, tendo o mau hábito de aparecer quando menos se espera, mas igualmente a solidariedade, e ela pode vir das pessoas mais variadas em momentos em que ninguém imaginaria.

Aprendemos também que o Brasil é um caso todo especial de aceitação e recusa, afetividade e violência, hospitalidade e rejeição. Navegar nessas águas requer um leme firme e um olhar aguçado, procurando a melhor passagem, sem acreditar em caminhos prontos ou mapas antiquados.

Ficamos felizes com todas as mudanças que estão acontecendo na direção de uma igualdade que era ainda utopia nos anos 90, mas ao mesmo tempo nos aborrecemos ao ver tantas iniciativas desastradas, tantos esforços desencontrados acontecendo à nossa volta.

Até que percebemos que o que é claro para nós não é para a maioria dos empreendedores, porque não são homossexuais ou não tiveram experiência com negócios gls.

Passamos então a oferecer consultoria e treinamento, com o intuito de diminuir os erros e aumentar a fluidez dos negócios. E assim chegamos também a esta obra, que esperamos que seja um guia prático para a obtenção do sucesso com o segmento gls.

Parte I
O básico

1 | Quem são as minorias sexuais

Gays e lésbicas

Todo mundo já ouviu falar de homossexualidade e acha que sabe o que é. No entanto, como esse não é um assunto neutro, incluído no currículo escolar juntamente com a produção de oxigênio pelas plantas clorofiladas, por exemplo, a maioria dos conceitos que circulam a respeito desse aspecto da sexualidade humana é distorcida ou incorreta.

A homossexualidade é uma das alternativas naturais e saudáveis da orientação sexual, sendo as outras a bissexualidade e a heterossexualidade. Isso quer dizer o seguinte: toda pessoa sente desejo e o impulso de se ligar amorosamente a outras pessoas, impulso esse que leva o nome de orientação sexual. Quando esse impulso é sempre dirigido a pessoas de sexo diferente do próprio – de um homem para uma mulher, por exemplo –, essa pessoa é heterossexual. Quando é dirigido a pessoas tanto do próprio sexo quando do outro, então quem sente o impulso é bissexual. E quando a pessoa sente o impulso de ligação amorosa sempre por pessoas do mesmo sexo, ela é homossexual.

A composição dessas palavras dá a dica de como essa classificação foi pensada: *homo* é uma raiz grega que significa "igual", *hetero* também vem do grego, para significar "diferente", enquanto *bi* representa "duplo". Homossexual é aquele que tem a sexualidade voltada para o igual.

Chegou-se à conclusão de que a homossexualidade e a bissexualidade são alternativas naturais da sexualidade humana depois de uma série de constatações, das quais resumimos algumas:

• A homossexualidade e a bissexualidade não são uma exclusividade humana, elas aparecem constantemente entre animais vivendo em seu hábitat natural, com acesso a parceiros do sexo oposto (veja o quadro).

• A homossexualidade e a bissexualidade não são exclusivas de nossa época ou sociedade, havendo relatos históricos de casais de homens e de mulheres em todas as culturas, em todas as épocas, do antigo Egito à América antes da chegada dos europeus, da China ao Alasca, das tribos africanas aos nômades das estepes siberianas (veja o capítulo 2).

• Todas as tentativas de reprimir, "corrigir", redirecionar a homossexualidade para uma expressão heterossexual falharam.

Mas se fosse assim tão simples, você não precisaria ler este livro, não é mesmo?

Vamos então destrinchar algumas conseqüências dessa definição e corrigir os conceitos populares incorretos.

A homossexualidade é anterior à humanidade e muito comum na natureza

Atividades sexuais entre indivíduos do mesmo sexo já foram observadas em 1.500 espécies, sendo descritas em detalhes em mais de quinhentas delas. Aristóteles mencionou há mais de 2.300 anos ter visto duas hienas fêmeas copulando. Como descreve Bruce Bagemihl, um biólogo da Universidade de Wisconsin, EUA, no livro *Biological exuberance: animal homosexuality and natural diversity* ("Exuberância biológica: homossexualidade animal e diversidade natural"), de 2000:

- Os cisnes negros, aqueles animais-símbolo do casamento por manterem uniões com o mesmo parceiro pela vida toda, em 20% dos casos pareiam com indivíduos do mesmo sexo. Os machos chegam a roubar ovos das fêmeas para chocá-los e criar os filhotes com seus parceiros. Os pingüins exibem comportamento semelhante de adoção homossexual.
- Muitas baleias machos se encontram ano após ano com os mesmos parceiros e esfregam seus pênis um no outro. Chegam a fazer orgias de até cinco indivíduos. Já seus relacionamentos com fêmeas são rápidos e fugazes.
- Golfinhos são conhecidos pela sua bissexualidade, mas os machos passam períodos em que preferem as atividades homossexuais. Praticam não só esfregação como sexo oral.
- Os leões-marinhos machos relacionam-se apenas entre si até os quatro anos de idade, depois em geral exibindo comportamento bissexual. Os machos são carinhosos uns com os outros e chegam a dormir juntos abraçados na água.
- Chimpanzés bononos são conhecidos por sua cultura de "faça amor, não faça guerra" e quase todos demonstram comportamento bissexual. As fêmeas, em especial, se relacionam entre si na maior parte do tempo.
- Macacas-japonesas costumam ter relacionamentos monogâmicos com outras fêmeas. Já os machos da espécie têm relacionamentos homossexuais menos permanentes.
- Os bisões americanos machos transam mais entre si do que com fêmeas. Na época de acasalamento, 55% da atividade sexual acontece entre indivíduos do mesmo sexo.
- Girafas machos são muito afetuosos entre si, e vários estudos apontam para a sua preferência de parear com indivíduos do mesmo sexo mais do que com fêmeas.

> • Antílopes africanos fêmeas montam outras fêmeas com freqüência durante o cio, sendo 9% de suas atividades sexuais orientadas para parceiras do mesmo sexo quando em seu hábitat natural.
>
> Há ainda casos de flamingos, porcos-espinhos, besouros, aranhas, moluscos, crustáceos e muitos outros animais que copulam com indivíduos do mesmo sexo.
> A natureza não é tão certinha quanto querem nos fazer crer!

Os bissexuais

Sabe aquela conversa de pansexual? De que não importa o sexo, importa a pessoa? De que o desejo é fluido? Pois é, essas são todas frases típicas de pessoas bissexuais.

Muito mais gente do que imaginamos é bissexual, ou seja, tem a capacidade e o desejo de se envolver amorosamente tanto com homens quanto com mulheres. O que acontece é que, por conta de nossa sociedade tão repressora e homofóbica (palavra politicamente correta que indica o horror a tudo o que é "homo"), os bissexuais costumam expressar apenas seu lado hétero, reprimindo os impulsos dirigidos às pessoas do mesmo sexo. E os bissexuais que pendem muito para o lado homo do espectro, ou seja, que sentem com maior freqüência atração por pessoas do mesmo sexo, incorporam-se à cultura gay e passam por homossexuais.

Dessa forma, podemos trabalhar com a realidade de que, ao menos até o momento – e isso pode mudar, já que a sensibilização para a diversidade está criando muitos novos subnichos nos grandes mercados do mundo –, não existe o segmento bissexual de mercado. O que existe é o segmento de gays e lésbicas, que abrange também os bissexuais com comportamento mais homo.

Para que você termine essa leitura com uma sofisticada visão da diversidade, vamos acabar com alguns mitos sobre os bissexuais.

Muita gente acredita, erroneamente, que bissexuais precisam se relacionar com um homem e uma mulher ao mesmo tempo. Bobagem. Ser capaz de sentir desejo por ambos os sexos não quer dizer que a pessoa precise ter relacionamentos múltiplos e simultâneos. A maioria dos bissexuais namora e casa com uma pessoa de cada vez.

Não é tão comum quanto se imagina encontrar bissexuais que tenham orientação na mesma intensidade para homens e mulheres. O mais habitual é que as pessoas bissexuais tenham um pouco mais de tendência para relacionar-se ou com pessoas do mesmo sexo, integrando-se então à cultura gay, ou com pessoas do outro sexo, quando se misturam aos heterossexuais.

É preciso distinguir a prática sexual da orientação. O que se vê com freqüência por aí são pessoas que têm relações sexuais – mas não amorosas – com ambos os sexos. Fazer sexo com uma pessoa não significa que se tenha desejo sempre por aquele sexo. Um heterossexual que experimente transar com um gay não se tornará bissexual por causa disso, a menos que tenha sempre esse desejo. Homossexuais que experimentam o sexo hétero também não se transformam em bissexuais.

Gays e homens, lésbicas e mulheres

A orientação sexual não depende de nenhum atributo físico.

É completamente incorreto pensar que gays são "menos homens" do que os héteros, ou que as lésbicas são maiores ou mais fortes ou possuam qualquer outra característica diferente em relação às mulheres heterossexuais. Já foram feitas centenas de estudos procurando alguma característica física indicadora da orientação sexual (tamanho do cérebro, dos órgãos genitais, genes, capacidade auditiva), alguns chegando a conclusões bem ridículas, como a de que homossexuais teriam o dedo médio maior do que o indicador ou de que as lésbicas seriam mais surdas.

Felizmente, estudos posteriores não as confirmaram, apesar de o Franco ter que falar sempre bem alto para eu, Laura, entender...

Mesmo os cientistas mais preconceituosos – incluindo-se aí os nazistas, que fizeram muitas (e cruéis) experiências com homossexuais para tentar localizar o "gene gay" e assim purgar a raça ariana dessa "impureza" –, depois de centenas de horas de observação e comparações nos mais variados estudos, não chegaram, pelo menos até agora, a nenhuma conclusão.

Aquele pensamento antigo de que os homossexuais seriam um "terceiro sexo" entre os homens e as mulheres é bem isso: antigo e ultrapassado. As pessoas que nascem com características de ambos os sexos no corpo – os hermafroditas – não são em média nem mais, nem menos homossexuais do que o resto da população.

Fisicamente, gays e lésbicas, para não falar dos bissexuais, são exatamente como os heterossexuais. Isso quer dizer que são tão variados quanto o resto da raça humana.

E os travestis?

Identidade sexual é o gênero – feminino ou masculino – que a pessoa acredita ter. Em nossa variada espécie humana, há pessoas que têm a firme convicção de que são homens, outras de que são mulheres, e outras, ainda, que sentem ser um pouco dos dois, ou que variam entre homens e mulheres, ou que são homens em corpos femininos e vice-versa.

Essas últimas categorias, chamadas transgêneros, são bastante incompreendidas pela sociedade em geral e ferozmente discriminadas. Não se sabe por que elas acontecem, ninguém descobriu de onde brota o sentimento de identidade de gênero, mas o fato é que nem todo mundo acredita ter exatamente o sexo do seu corpo.

Os transgêneros se comportam de muitas formas diferentes, podendo vestir roupas do outro sexo de vez em quando – os *crossdressers*; comportar-se como pessoas do outro sexo na maior parte do tempo, chegando a fazer alterações em seu corpo para aproximá-lo do outro gênero – os travestis; ou ainda ter a firme convicção, inabalável, de que nasceram no corpo errado, ou seja, são homens em corpos de mulheres ou mulheres em corpos de homens – os transexuais, que nesse caso fazem de tudo para serem operados e assumir completamente o sexo oposto ao de seu nascimento.

Há ainda outras identidades de gênero, como os andróginos, que preferem não se definir como masculinos ou femininos, e os *genderqueer*, que não aceitam bem a noção de masculino e feminino, mas o importante para nós aqui é saber o seguinte: a orientação sexual não acompanha as variações de identidade de gênero.

A pessoa pode ser *crossdresser* e heterossexual, pode ser um travesti bissexual, pode ser um transexual homossexual ou outra combinação qualquer à sua escolha. Parece complicado, mas há, por exemplo, o caso de um homem que fez todo o difícil percurso de ser operado e se transformar em mulher, para depois se descobrir atraída por uma mulher. Ou seja, ela se tornou lésbica!

Conclusão: transgêneros podem ser hétero, bi ou homossexuais.

Conforme as lutas por direitos iguais foram acontecendo nas sociedades modernas, os transgêneros se associaram aos homossexuais, por serem minorias também brutalmente discriminadas e fora da norma heterossexista. Para a sociedade em geral, portanto, homossexuais, travestis e transexuais são muitas vezes vistos como sendo a mesma coisa, mas em absoluto não são.

A enorme maioria dos gays e das lésbicas, como a maioria dos heterossexuais, não tem vontade de vestir roupas do outro sexo nem de se comportar como o sexo oposto, tampouco de alterar seu corpo. A maioria dos gays e das lésbicas, como a maioria dos heterossexuais, tem uma identidade de gênero alinhada com a de seu corpo de nascimento, quer dizer, se vê como os homens e as mulheres que fisicamente são.

Nossos sofisticados leitores podem não trabalhar por enquanto com os transgêneros, porque tampouco há um segmento de mercado especializado nessa população. Mas o mundo está mudando, e é muito sábio entender que existem diferenças de expressão da identidade de gênero, sendo todas tão válidas quanto as tradicionais de homem masculino e mulher feminina.

Afeminados e machonas

A orientação sexual tampouco tem a ver com os papéis de gênero que a pessoa adota durante a vida. Papéis de gênero são aqueles comportamentos vistos como tipicamente de homens ou de mulheres pela sociedade, como por exemplo trocar o pneu – para eles – e pedir ajuda para que troquem o pneu – para elas.

Os papéis, diferentemente do sexo do corpo, da orientação sexual e da identidade de gênero, são influenciados pela vontade da pessoa. Um homem pode escolher ser machão conforme manda a torcida do Corinthians ou não, dependendo do conforto que sentir com o conjunto de comportamentos esperados dele. Uma mulher pode assumir toda aquela postura passiva, sedutora e maternal que se espera de uma fêmea em nossa sociedade ou preferir ser mais independente, durona, auto-suficiente, dependendo do que sentir que melhor combina com sua verdadeira forma de ser.

O que muita gente pensa, erroneamente, é que todos os gays assumem o papel de homens afeminados e que todas as lésbicas assumem o papel de machonas. Ledo engano. Alguns o fazem, talvez por acharem que esse comportamento facilita sua existência pela clareza com que expõe sua orientação sexual às pessoas em volta. No entanto, menos de 3% dos homossexuais sentem-se confortáveis com papéis diferentes do que a sociedade espera deles. Assim, a maioria das lésbicas comporta-se como a maioria das mulheres heterossexuais, vestindo-se de forma feminina, falando mais baixo do que os homens e aceitando a ajuda de algum cavalheiro para trocar o pneu. A maioria dos gays são tão machos na aparência e no comportamento que podem se misturar sem problemas à torcida do timão.

O outro lado também é verdade. Muitos heterossexuais não gostam dos papéis esperados deles e preferem se comportar de uma forma contrária às convenções. Como os papéis de gênero são negociações entre os indivíduos e os grupos sociais, eles mudam bastante com o passar do tempo, conforme as pessoas vão alterando as expectativas a respeito de si mesmas e dos outros. Basta comparar o que era esperado de homens e mulheres no tempo de nossos avós, de nossos pais e o que a molecada de hoje pratica!

Assim, não dá para saber quem é homossexual nem pelo comportamento, nem pela aparência, nem por qualquer atributo físico. O único modo de saber com certeza se alguém é homossexual é observando seu relacionamento afetivo ao longo do tempo. E mesmo assim pode se tratar de uma pessoa bissexual em sua fase mais homo!

Drag queens e drag kings

Alguns homens se divertem se montando, isto é, se vestindo e se maquiando como mulheres e exagerando todos os comportamentos esperados delas. Criam personagens, dublam cantoras e são figurinhas batidas na cultura gay, chamadas de *drag queens*. Apesar de muitos serem de fato homossexuais, o comportamento em si de ir contra o papel esperado de seu gênero e virá-lo de cabeça para baixo não é prerrogativa de gays, bastando observar anarquia similar entre héteros fantasiados durante o carnaval. O que acontece é que a cultura gay foi construída e continua a se ampliar com base na defesa da diversidade, tendo lugar para quase todo tipo de variação da heteronorma. Nos Estados Unidos, por exemplo, existem também os *drag kings*, mulheres que se vestem como homens, colocam barbas falsas e assumem personagens masculinos para se divertir. Mais uma vez queremos chamar a atenção de nossos inteligentes leitores para o fato de que não necessariamente uma quebra de papel de gênero – mesmo uma quebra tão radical quanto assumir uma personagem do sexo oposto – indica a orientação sexual de quem a pratica.

Os quatro eixos da sexualidade

A homossexualidade e a bissexualidade são variações ao longo do eixo da orientação sexual humana. Ela não tem qualquer relação com os outros eixos da sexualidade, que são o do sexo biológico, da identidade de gênero e dos papéis de gênero.

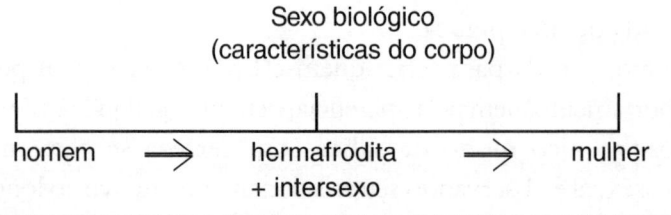

Até 1,7% das crianças nascem com características de ambos os sexos no corpo, sendo consideradas em algum grau hermafroditas ou intersexo. Essas variações costumam ser corrigidas cirurgicamente.

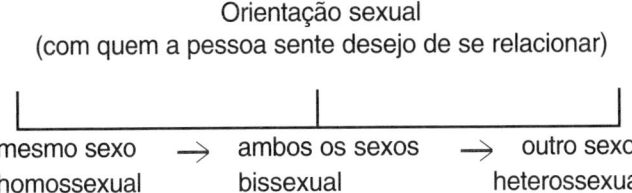

Orientação sexual
(com quem a pessoa sente desejo de se relacionar)

mesmo sexo →	ambos os sexos →	outro sexo
homossexual	bissexual	heterossexual

Várias pesquisas indicam que aproximadamente 10% da humanidade seja homossexual e até 30% bissexual.

Identidade de gênero
(quem a pessoa acredita ser)

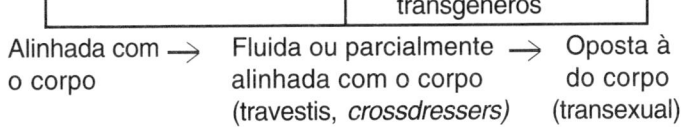

	transgêneros	
Alinhada com → o corpo	Fluida ou parcialmente → alinhada com o corpo (travestis, *crossdressers*)	Oposta à do corpo (transexual)

Apesar da falta de dados consistentes, presume-se que em torno de 3% da população seja em algum grau transgênero, mas apenas um indivíduo em cada trinta mil seja verdadeiramente transexual.

Papel de gênero
(como a pessoa se comporta)

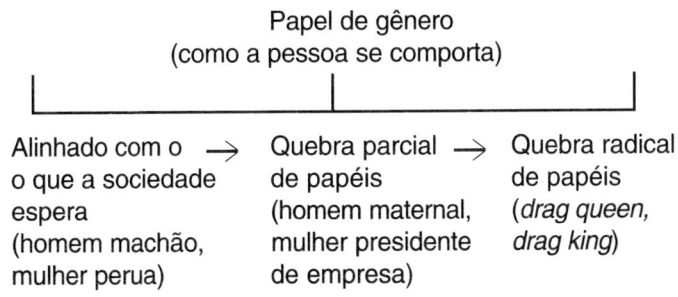

Alinhado com o → o que a sociedade espera (homem machão, mulher perua)	Quebra parcial → de papéis (homem maternal, mulher presidente de empresa)	Quebra radical de papéis (*drag queen*, *drag king*)

2 | Uma pitada de história

Nós não vamos agora embarcar numa aula de história, mostrando a você os milhares de indícios, nomes e documentos provando que homens e mulheres de todas as épocas e culturas se envolveram sexual e amorosamente com pessoas do mesmo sexo, porque isso renderia um outro livro. É bem interessante ler a respeito para quebrar preconceitos; recomendamos, mas não é nosso intuito posar de historiadores.

Se você quiser se aprofundar, um dos livros mais acessíveis que conhecemos é o *Tríbades galantes, fanchonos militantes – homossexuais que fizeram história*, de Amílcar Torrão Filho (São Paulo, Ed. GLS, 2000), que se limita a relatar apenas os casos para os quais há documentação comprovadora, mas mesmo assim tem quase trezentas páginas.

No entanto, só para você ter uma idéia de quão presente está a homossexualidade na história da humanidade, basta constatar que o primeiro texto literário de que se tem notícia, a *Epopéia de Gilgamesh*, de cinco mil anos atrás, faz menção explícita a um relacionamento entre dois homens.

Escrito em caracteres cuneiformes gravados em tabletes de argila, a história conta como o rei sumério Gilgamesh, que teria vivido na Mesopotâmia no século XXVIII antes de nossa era, logo após o Dilúvio, se envolve com o homem selvagem Enkidu, amando-o "como se a uma mulher" e construindo com ele uma aliança – aprovada por sua mãe – que lhe permite derrotar os inimigos de Uruk e tornar a cidade invencível.

É também de milhares de anos atrás, do século V antes de nossa era, a menção ao amor entre mulheres, documentada pela poesia de Safo de Lesbos. Tida em alta conta no mundo helênico e declarada "a décima musa" por Platão, Safo era uma poetisa inspirada que não só fundou uma famosa escola para moças como declarou por várias delas um amor muito sensual. É devido a ela que usamos hoje termos como "sáfica" e "lésbica".

O importante a saber, para empreendedores que desejam explorar o segmento gls, é que a variante homossexual sempre esteve presente nas populações humanas, mas despertou reações diversas nas sociedades ao longo das épocas.

Por muito tempo, a questão não parece ter atraído a atenção de quem julgava ou legislava. Desde pinturas nas cavernas e gravuras chinesas antigas, vasos gregos e romanos, até relatos dos conquistadores europeus sobre os costumes que testemunharam entre os nativos quando chegaram na África e na América indicam que os contatos sexuais entre pessoas do mesmo sexo eram comuns e não geravam discriminação nas sociedades onde aconteciam. A história mostra que a humanidade já se preocupou muito mais em impedir uniões entre pessoas de diferentes castas, tribos, crenças, cores de pele, idades e posições sociais do que em inspecionar o sexo dos envolvidos.

O que se constata é que as minorias homossexuais foram incorporadas em várias culturas do mundo inteiro, manifestando-se, no entanto, de maneiras distintas:

• **Indivíduos tão respeitados quanto os membros heterossexuais da sociedade, em geral formando relacionamentos de namoro ou casamento nos quais o status e a idade do casal são semelhantes.**
É este o caso dos gays e das lésbicas em países não discriminatórios hoje em dia e dos soldados gregos e romanos que se relacionavam com colegas soldados. O Batalhão Sagrado de Tebas, que existiu de 371 a 338 a.C., é um dos mais famosos exemplos de homossexuais tidos em alta conta na Antiguidade helênica. Era composto de 150 casais de amantes e tinha fama em toda a Grécia de não recuar jamais. Disse Plutarco que sua formação foi inspirada nas palavras de Platão, quando sugeriu que um exército de amantes seria invencível, porque cada homem faria de tudo para parecer valoroso diante do amado. O destino do batalhão parece confirmar a idéia do filósofo: na única vez em que perderam uma batalha, diante do exército de Felipe II da Macedônia, pai de Alexandre Magno (também ele um guerreiro que amava um colega general, Hefaistion), todos os soldados morreram com bravura, sem recuar.

• **Um indivíduo mais velho num relacionamento de tutela de um adolescente.**
É este o caso dos relacionamentos entre adultos da aristocracia e adolescentes a quem queriam ensinar ética e boa conduta na Grécia Antiga. Os gregos acreditavam que um relacionamento amoroso comedido acendia no ou na jovem o desejo de aprender e imitar o mais velho. Esse mesmo tipo de contexto para a homossexualidade surge

também em outras culturas, como no Japão, na China, na Pérsia antiga e nas ilhas da Melanésia. Em Papua Nova Guiné, acreditava-se que um menino não se tornaria um homem se não recebesse sêmen por meio de sexo oral ou anal, transmitido de forma cerimonial ao longo de anos até o rapaz atingir a idade adulta.

- **Um dos indivíduos do casal assumindo o papel de gênero do sexo oposto.**

Esta forma de expressão da homossexualidade parece ter ocorrido em muitas culturas nativas da América do Norte e também na Polinésia. No Taiti, até hoje existe a figura do ou da *mahu*, o homem que assume a identidade feminina e a mulher que se comporta de maneira masculina, usando roupas e se apresentando socialmente como uma pessoa do outro sexo. Nessas culturas, o casamento era aceito quando as pessoas cumpriam os papéis esperados para cada gênero – aquele que se identificava como homem saindo para caçar e seu parceiro cuidando das peles como uma mulher, por exemplo, no caso dos índios das planícies americanas –, ainda que os dois indivíduos fossem do mesmo sexo.

- **O indivíduo homossexual e/ou transgênero ser considerado especial.**

Em algumas culturas indígenas de toda a América e da África, o homem marcadamente afeminado e, em alguns casos, a mulher de modos masculinos, eram tidos como pessoas especiais, que reuniam o espírito masculino e feminino em um só corpo. Entre os nativos norte-americanos essa figura era chamada de "Dois Espíritos" ou "Dois Caminhos" e muitas vezes se tornava o xamã da tribo, sendo respeitada como alguém com acesso mais fácil ao mundo sagrado.

O preconceito das religiões

Costumamos pensar que sempre houve preconceito dentro das grandes religiões contra a homossexualidade. Uma ligeira olhada para a história, no entanto, mostra que isso não é verdade.

Não vamos iniciar aqui uma discussão teológica, mas gostaríamos de deixar claro que o preconceito foi deliberadamente introduzido como uma tática de diferenciação – um marketing, digamos assim – e pode igualmente ser eliminado, como vem fazendo a Igreja Anglicana.

Em poucas palavras, o que parece ter acontecido foi o seguinte: as tribos de Judá, primeiro conquistadas pelo Império Persa, depois pelo Império Romano, tinham uma série de códigos de conduta que incluíam desde a proibição de comer camarões até adorar a um só Deus, passando pelo repúdio à homossexualidade masculina.

Alguns teóricos acham que os judeus faziam tanta questão de seguir suas regras para se diferenciarem do enorme mundo "pagão" ao seu redor. Os códigos eram uma questão de defesa da identidade perante a invasão física e cultural de povos mais fortes e numerosos.

Infelizmente, os primeiros judeus que se converteram ao cristianismo aboliram as restrições quanto aos camarões, mas não em relação aos homossexuais. O repúdio permaneceu nos textos, ainda que não tenha sido muito seguido na prática. Há textos do século II de nossa era explicando como deveria ser celebrado o casamento entre dois homens numa cerimônia cristã, o que demonstra que a homossexualidade aceita com tanta naturalidade em todo o Império Romano também o era pelos primeiros seguidores do cristianismo.

A situação ficou mais ou menos a mesma até por volta do século XI. Apesar de vários teólogos de peso, como Santo Agostinho e Tomás de Aquino, terem construído elaborados ataques teóricos contra a sexualidade em geral, incluindo qualquer forma de homossexualidade – na verdade contra qualquer tipo de sexo não-reprodutivo, categorizado como o pecado da luxúria –, as cortes reais e a própria Igreja não modificaram muito seus hábitos. São públicas as uniões entre pessoas famosas do mesmo sexo ao longo do primeiro milênio do cristianismo.

Por volta do ano 1100, a maré mudou. A própria Igreja começou a julgar os casos de homossexualidade, em especial nos monastérios, com muito mais rigor, o que se agravou bastante com a instituição da Santa Inquisição, que de santa só tinha o nome. Entre os variados pecados que conduziam à prisão, torturas e morte pelas mãos dos inquisidores estava o da sodomia, que era qualquer tipo de contato sexual para outros fins que não a reprodução. Evidentemente, era mais fácil de provar quando as relações ocorriam entre pessoas do mesmo sexo. Apenas mais tarde o termo sodomita passou a designar homens homossexuais e presumir penetração anal.

Também por infelicidade, o preconceito contra as minorias sexuais foi estabelecido entre as tradições que passaram do cristianismo e do judaísmo ao islamismo, as três religiões sendo até hoje chamadas de filhas de Abraão. Não sabemos dizer a razão, mas o islamismo não só incorporou como elevou o preconceito contra homossexuais à categoria de pecado merecedor de violentos castigos físicos e até de morte em alguns países, ainda hoje.

Como, a partir do século VI, os muçulmanos fizeram uma grande expansão de seu território, ocupando grande parte da África, do Oriente Médio e da Europa, e a partir do século XIV os europeus saíram invadindo os quatro outros continentes, o preconceito embutido nas duas religiões foi imposto a povos e culturas os mais variados.

Em toda a Polinésia e boa parte da África, por exemplo, onde as culturas tradicionais tratavam as expressões de sexualidade com muita naturalidade, houve uma mudança radical com a chegada dos europeus e a imposição do cristianismo. Ilhas como as do arquipélago do Havaí passaram a ser locais de preconceito e intolerância contra minorias sexuais. Não deixa de ser uma ironia que agora esses mesmos europeus tenham mudado de idéia e estejam exportando a tolerância pela diversidade e batalhando pela inclusão das minorias sexuais nas sociedades do mundo inteiro...

A institucionalização do preconceito

O surgimento dos Estados modernos fez com que o preconceito entranhado nas religiões migrasse para os códigos e as leis dos governos constituídos. A maioria das nações cristãs e muçulmanas tornou a sodomia um crime passível de severas punições. Até o século XVIII, era comum que homossexuais fossem presos e até mortos em fogueiras ou enforcados, inclusive aqui no Brasil.

A França, em 1791, em pleno processo revolucionário, foi o primeiro país a descriminalizar a sodomia, mas tal audácia de pensamento libertário demorou a ser seguida pelas outras nações. A Alemanha, por exemplo, só veio a suspender o seu infame parágrafo 175 – que definia a homossexualidade como crime e foi utilizado pelos nazistas para enviar milhares de gays e lésbicas a campos de concentração – quase dois séculos depois da França, em 1969!

Hoje a situação é bem melhor em relação à tolerância, mas ainda há regiões do planeta – como Guiana, todos os países islâmicos, Mianmar – que têm leis específicas de discriminação e punição da homossexualidade.

No século XIX, com a criação da psicanálise por Sigmund Freud e seus seguidores, houve uma gradual mudança da percepção da sexualidade em geral e da homossexualidade em particular. Cientistas, em especial os médicos, passaram a estudar o comportamento sexual humano e a criar novas categorias de doença e saúde.

É nesse âmbito que aos poucos vai surgindo a identidade homossexual, assim como mais tarde a do transgênero. Comportamentos que antes eram vistos como possessão pelo demônio ou pecados de luxúria começaram a ser enquadrados em diferentes vertentes, que hoje se transformaram naqueles eixos da sexualidade que apresentamos no capítulo 1.

> **Terminologias**
>
> O termo "homossexual" foi usado pela primeira vez em 1869, num ensaio científico do alemão Karl-Maria Kertbeny, para se referir ao impulso sexual desmedido por pessoas do mesmo sexo. Curiosamente, "heterossexual" foi um termo criado muito mais tarde, e até 1930 também significava o portador de uma doença, a do impulso sexual desmedido por pessoas do outro sexo.
> Foi apenas com as variadas revoluções de comportamento acontecidas a partir da década de 1960 que o sexo não-reprodutivo – mesmo entre casais de sexo oposto – deixou de ser considerado algo doentio e finalmente aceito como um comportamento natural e saudável.

A homossexualidade foi assim definida como algo muito diverso da "normalidade", um desvio patológico que não era mais tanto um pecado ou crime, mas acidente da natureza. Os estudos e acompanhamentos de caso por cientistas, em teoria isentos de julgamentos morais, trouxeram à luz uma série de informações interessantes, que não corroboravam as noções religiosas de escolha e pecado.

O próprio Freud propôs que o ser humano seria bissexual por natureza, e que a homossexualidade, apesar de não ser uma vantagem, tampouco constituía algo degradante nem podia ser classificada como doença. No meio científico da época, começaram a aparecer, entre as teorias de patologia, aquelas que mostravam que a homossexualidade não equivale a qualquer distúrbio da personalidade. Criou-se um campo de debate que daria as bases para as lutas pela igualdade do século XX.

A revolta de Stonewall

O século XX foi de extremos para as minorias sexuais. Iniciou-se vendo muitos países condenando qualquer desvio da "normalidade" como crime, pecado e doença. O autoritarismo que imperou nos anos 30 e culminou nos vários regimes fascistas foi especialmente cruel na perseguição aos homossexuais, permitindo inclusive experiências "científicas" de correção da "anomalia" como lobotomia, castração, choques elétricos e outras barbaridades naqueles que eram acusados de "desviantes".

A Segunda Guerra Mundial, brutal e imensa em extensão, serviu para colocar um fim em muitas coisas, facilitando o questionamento das estruturas tradicionalistas da sociedade. Apesar de demorarem para maturar, idéias de liberdade em relação às muitas restrições começaram a surgir em vários campos.

Essa inquietação se manifestou em uma série de movimentos sociais, em geral chamados de revoluções. Surgiram os movimentos pacifista, hippie, de liberdade sexual, feminista, de igualdade entre as raças e, finalmente, de igualdade para as minorias sexuais. As décadas de 60 e 70 foram uma efervescência de revoltas e protestos na Europa, na América do Norte e na Austrália.

O movimento glbt toma por marco inicial justamente um desses acontecimentos espetaculares, chamado de revolta de Stonewall. Antes já tinham surgido algumas organizações em prol dos direitos dos homossexuais, como a Mattachine Society, fundada em 1950 em Los Angeles, e o COC, aberto em 1946 na Holanda, assim como grupos de estudantes em grandes universidades norte-americanas, mas o assunto ainda era quase invisível para a sociedade.

Na noite de 28 de junho de 1969, isso mudou. Stonewall Inn é um bar em Greenwich Village, Nova York, que desde aquela época era freqüentado por gays, lésbicas e transgêneros. A polícia tinha o hábito de fazer batidas de surpresa e intimidar os clientes com revistas e eventuais detenções, o que resolveu fazer naquela noite. Por alguma razão, diz a lenda que por conta da tristeza pela recente morte da diva Judy Garland, os freqüentadores do bar que foram levados aos camburões se irritaram e reagiram, sendo apoiados pela multidão que se formou para assistir à operação policial. Aos gritos de "Gay power!", os homens e as mulheres presentes começaram a atirar pedras e garrafas nos policiais, que chamaram reforços e reagiram com brutalidade.

Os confrontos duraram toda a madrugada e se repetiram nas noites seguintes, chegando a envolver dois mil civis e quatrocentos policiais da tropa de choque. A tenacidade dos homossexuais deixou as autoridades muito surpreendidas e teve a peculiaridade de ser reportada mundo afora. O evento se transformou num símbolo de como os gays e as lésbicas começavam a perceber a si mesmos, a saber, cidadãos que exigiam respeito e direitos iguais.

A data foi tomada como início histórico do movimento glbt e, a partir do ano seguinte, 1970, foi comemorada em paradas de orgulho em Nova York e São Francisco, depois se espalhando para as capitais do planeta.

Começava assim a era do mercado gls, em que o preconceito sairia de moda e o respeito pela diversidade daria as cartas.

Parte II
O mercado gls

# 3 | O surgimento do mercado gls no mundo

Durante a época em que houve repressão aberta e consistente à expressão da homossexualidade, não se pode dizer que havia propriamente um segmento de mercado gls. No século XIX e começo do XX, por exemplo, Berlim foi uma capital das mais gays da Europa, com bares e cabarés cujo público era predominantemente homossexual. Porém, por serem em teoria ilegais e apenas tolerados pelas autoridades, que faziam vista grossa para a sua existência, esses locais eram de certa forma clandestinos. Eles atendiam à necessidade premente de homossexuais, principalmente os homens, de se encontrarem e se socializarem.

Eram lugares que não tinham sido pensados para atender ao público gls, apenas se viram nessa função por conta das circunstâncias externas, mas geravam muito lucro aos seus proprietários. O maior serviço diferenciado que ofereciam era um abrigo dos olhares e das críticas presentes nos ambientes heterossexuais.

Essa característica de "gueto" marcou muito o espírito dos locais dirigidos a esse público por bastante tempo, e ainda é a que predomina nas sociedades intolerantes, como os países do Oriente Médio. Note-se que a batalha de Stonewall, que deu início ao movimento pela igualdade de direitos dos homossexuais em nossa época, aconteceu justamente num bar em Nova York com essas características de gueto fechado e clandestino, em 1969.

No entanto, com a luta por aceitação, visibilidade e respeito que os grupos de homossexuais promoveram nos anos seguintes nos Estados Unidos, no Canadá, no norte da Europa e na Austrália, onde a democracia permitia embates por mudanças sociais, começou a surgir uma população de cidadãos não só exigentes de direitos e liberdade como de produtos diferenciados.

A década de 70 viu surgir, por exemplo, a bandeira do arco-íris, que foi apropriada tanto pelos movimentos políticos glbt quanto pelos negócios para identificar uma atitude de clara aceitação dos homossexuais, bissexuais e transgêneros. Como produto em si, a bandeira foi um *hit* de mercado: por ser colorida e de fácil identificação, muitos milhares de exemplares foram fabricados e vendidos para serem exibidos nas paradas de orgulho que começavam a pipocar nas grandes capitais, assim como nos novos estabelecimentos abertamente dirigidos ao público gls.

Não só bandeiras de todos os tamanhos, como também produtos correlatos exibindo as cores do arco-íris foram produzidos e ainda são, de adesivos, cadernos, ursinhos, camisetas, jóias a todo tipo de material que a criatividade permita colorir. O arco-íris passou a ser uma marca gay, a primeira no mundo, e até hoje pode ser considerado o maior *case* de sucesso relacionado ao mercado homossexual.

Mais do que um produto, no entanto, a bandeira do arco-íris representa uma considerável mudança de atitude do segmento.

Quem antes aceitava ficar restrito a locais clandestinos passou, ao longo da década de 70, a procurar produtos e serviços dirigidos, enquanto os próprios negócios se aventuraram a anunciar e oferecer tais produtos e serviços às claras, sem mais se esconderem.

Foi nessa década, por exemplo, que a revista *Advocate*, dirigida a gays e criada em 1967, passou a circular normalmente em bancas, quando a primeira associação de empresários homossexuais, a Golden Gate Business Association, começou a funcionar em 1974 em São Francisco, na Califórnia, e quando foi lançado o guia alemão *Spartacus*, de 1971, citando bares, boates, hotéis e pousadas gays em cidades do mundo inteiro. O guia ajudou a revelar a imensa quantidade de locais voltados para a comunidade gls, clandestinos ou não, espalhados pelo mundo inteiro, e podia ser comprado em qualquer banca de jornal da Europa ocidental.

A época foi marcada por atos de ousadia que combinavam com o espírito da geração de hippies libertários do "faça amor, não faça a guerra". A vodca sueca Absolut iniciou uma das campanhas publicitárias mais consistentemente *gay friendly* da história, passando a anunciar nas principais publicações gays norte-americanas e européias de forma bem-humorada e destacada, o que continua a fazer até hoje. Surgiram também as primeiras editoras dedicadas a publicar livros com temas de interesse para homossexuais com textos abertamente não-discriminatórios, o que não existia até então.

Foi na década de 70 que começaram também os boicotes a produtos comerciais, organizados pelas nascentes comunidades glbt. Em 1973 começou o longo embate com a cervejaria Coors, acusada de discriminação contra homossexuais em seus testes de admissão de funcionários. Em 1977 a comunidade boicotou também o suco de laranja da Flórida, por ser anunciado por uma cantora e ex-miss que militava abertamente contra os direitos iguais para trabalhadores homossexuais. As duas iniciativas causaram polêmica, trouxeram visibilidade para as questões políticas dos homossexuais e tiveram um impacto comercial desfavorável para as empresas envolvidas.

Essa mudança de consciência se refletiu também na demografia das cidades. Conforme grupos e associações começaram a exigir o reconhecimento da existência de gays e lésbicas e respeito por essas minorias, surgiram núcleos de ativismo que atraíram para determinados locais, sistematicamente, as pessoas envolvidas nessas lutas sociais. Estas, por sua vez, contribuíram para aumentar o consumo dos produtos e serviços que encontraram no entorno, marcando alguns bairros com sua presença. Conforme esse ciclo entre ativismo e locais comerciais foi se alimentando, processo facilitado pela cultura de maior tolerância – bem relativa, é verdade – de centros urbanos mais progressistas, alguns bairros se tornaram conhecidos entre os gays e lésbicas como interessantes para serem visitados ou bons locais de moradia.

Começou o processo que se acentuaria na década seguinte de bairros famosos por seus moradores gays e lésbicas, os chamados *gay villages*, como o Greenwich Village de Nova York, o Marais parisiense, o Castro de São Francisco, o Village de Montreal, o Soho de Londres. Algumas cidades inteiras também se tornaram pólos de atração de moradores, como Amsterdã e São Francisco.

A tendência desses bairros gays, que até hoje se mantém, foi a de um aumento de atividades culturais, artísticas e de extrema valorização imobiliária.

Mudança de consciência

A década de 80 viu o segmento gls se fortalecer e se ampliar. As agências de viagens norte-americanas se uniram e fundaram a IGLTA, International Gay and Lesbian Travel Association, em 1984, promovendo turismo especializado para gays e lésbicas. Abriu-se um novo nicho de mercado especializado em gays e lésbicas viajantes. Hotéis, agências, operadoras, receptivos e demais equipamentos turísticos perceberam que o público gls existia, viajava com mais freqüência do que o público tradicional e estava mais disposto a se aventurar no exterior. Surgiu assim uma rede de estabelecimentos e empresas turísticas em todo o mundo que desenvolveram muitos novos produtos, como os cruzeiros gays da RSVP, iniciados em 1986.

Livrarias especializadas, para citar outro exemplo, cresceram em número e volume de negócios, exibindo mais e mais publicações não-discriminatórias.

Muitos profissionais liberais – como advogados, psicólogos, médicos, contadores –, assim como imobiliárias e seguradoras, começaram a se identificar como gays e lésbicas ou como oferecendo um atendimento específico para homossexuais. Os bares e as boates gls explodiram em número e freqüência, passando a se identificar e anunciar para o público homossexual. As mídias especializadas saíram da clandestinidade e passaram a usar os canais comuns de distribuição.

Em 1982, Hollywood lançou o primeiro filme de amor gay com final feliz, *Making love* (*Fazendo amor,* no Brasil), que apresentava o casal de homens protagonistas como pessoas comuns e não como os clichês de doentes, assassinos ou suicidas em geral relacionados aos homossexuais, iniciando a mudança de percepção a respeito dessa minoria. Muitos dos hábitos de vestimenta e aparência típicos dos homossexuais das grandes cidades – como jeans e camisetas brancas agarradas, coturnos, brincos, *piercings,* tatuagens – deixaram de ser vistos como aberrantes e foram adotados pelos estilistas, sendo depois imitados pela população em geral. A imagem gay aumentou sua influência na moda e no comportamento urbano e se associou à noção de vanguarda e modernidade.

Na década de 80, nos EUA, Canadá e nos países do norte da Europa, gays e lésbicas passaram a ter maior consciência de que são uma comunidade e que têm força econômica. Surgiram os conceitos de negócio *gay owned*, que deixa claro que o estabelecimento que oferece um serviço ou produto a homossexuais é de propriedade também de homossexuais, e de *gay friendly*, um local que atende sem problemas a esse público.

Enquanto nos tempos de repressão pouco importava ao público se o proprietário de determinado bar era gay ou não, e qual era o seu posicionamento político em relação a minorias sexuais, durante a expansão do mercado gls a orientação sexual dos dirigentes do negócio passou a sinalizar um maior comprometimento com o segmento, assim como uma posição clara de abertura. Surgiram os guias e as listas indicando quem oferecia quais serviços e quais anunciantes davam apoio sistemático à comunidade, e o público começou a demonstrar uma clara preferência por empreendimentos *gay owned* ou *gay friendly*, em detrimento dos tradicionais ou que exibiam imagens e defendiam valores heterossexuais.

A explosão da epidemia da aids e toda a luta social para que a doença fosse reconhecida e combatida sem discriminação teve fortes reflexos na cultura gls. A morte de muitos gays famosos, assim como toda a insistência dos movimentos glbt pela visibilidade para a obtenção de tratamento adequado, provocou uma "saída do armário" em massa, assim como o apoio de setores mais progressistas da sociedade. O tamanho da população gl e sua diversidade socioeconômica se tornaram mais evidentes para a sociedade em geral.

Demonstrar tolerância com as diferenças, as minorias e os modos de vida alternativos começou a ser a atitude esperada dos intelectuais e artistas de vanguarda, e se refletiu no posicionamento de muitas empresas.

A década de 80 viu surgir, assim, um mercado de produtos e serviços diferenciados e um público consumidor bastante crítico em relação ao comprometimento político dos estabelecimentos.

Pink money levado a sério

Os anos 90 viram empreendimentos gl pequenos se transformarem em grandes empresas, e as grandes empresas do mercado tradicional acordarem para o potencial do segmento gls e fazerem esforços para conquistá-lo.

RSVP e Olivia Cruises, por exemplo, operadoras de viagens focadas exclusivamente em clientes homossexuais, começaram com pequenos cruzeiros, e nos anos 90 passaram a fretar grandes navios e *resorts* inteiros, faturando milhões de dólares anualmente. É característica dessa época o marketing agressivo e claramente identificado que essas duas empresas escolheram: a Olivia exibiu outdoors no centro de Nova York com mulheres abraçadas em um deque de navio, enquanto a RSVP colocou comerciais na televisão aberta exibindo casais gays.

A editora lésbica Naiad ampliou seu catálogo para centenas de livros e chegou a um faturamento de dois milhões de dólares anuais com romances água-com-açúcar só para mulheres. O mesmo se deu com várias editoras gays, que lançaram séries até hoje best-sellers. Houve um crescimento do consumo de livros específicos tão significativo que as livrarias tradicionais passaram a ter estantes ou prateleiras claramente identificadas com títulos gl, e editoras tradicionais incluíram em suas coleções obras de interesse para homossexuais.

Pela primeira vez, o ambiente de maior abertura permitiu que pesquisas sérias fossem conduzidas com populações homossexuais bastante representativas. Descobriram-se assim hábitos de consumo e um nível de poder aquisitivo inesperadamente alto, revelando os homossexuais como DINKs (*double income, no kids*, dupla renda sem filhos). Essas informações levaram ao surgimento de agências de propaganda especializadas na comunicação com esse segmento e a várias outras iniciativas.

Bancos como o Morgan JP passaram a oferecer seguros de vida e financiamentos para casais de pessoas do mesmo sexo. A American Express lançou em 1992 uma campanha de captação de clientes gl, com anúncios em revistas especializadas e da grande mídia, com fotos de casais do mesmo sexo. Martina Navratilova fez uma parceria com a Visa em 1996 e lançou o cartão de crédito Rainbow, que destina uma parte de sua arrecadação para iniciativas a favor da igualdade dos homossexuais e das famílias não-heterossexuais.

Companhias aéreas, bancos, seguradoras, fabricantes de automóveis, a indústria da moda em geral, dos cosméticos e de informática criaram produtos para homossexuais ou investiram pesadamente em marketing direcionado.

Começaram também nessa década os grandes eventos focados na comunidade gl, como, por exemplo, o *gay day* da Disney, que passou a atrair mais de 120 mil pessoas todos os anos, e a presença maciça de gays e lésbicas em eventos beneficentes relacionados ou não ao combate à aids, como a White Party de Miami.

Os destinos turísticos gls também se consolidaram. A cidade de Provincetown, nos EUA, as ilhas de Ibiza, na Espanha, e Mikonos, na Grécia, transformaram-se em cidades praticamente gays no verão, com hotéis, bares, restaurantes e lojas gls completamente lotados. O carnaval de Mardi Gras, em Sydney, passou de uma festinha local a um evento gay gigantesco de mês inteiro, freqüentado por milhares de turistas do mundo todo. Na mesma direção de atrair cada vez mais público gl, o campeonato de golfe feminino Dinah Shore, em Palm Springs, foi adotado pelas lésbicas como um evento e cresceu estrondosamente em freqüência, festas, eventos e patrocínios. Surgiram os Gay Games, versão bem-humorada das Olimpíadas com disputas esportivas não muito competitivas, acontecendo em países variados.

As paradas do orgulho começam a pipocar em locais novos, incluindo São Paulo, Buenos Aires, Cidade do México e Rio de Janeiro, sendo que as tradicionais – Paris, Berlim, Nova York, São Francisco – cresceram e se institucionalizaram como eventos de grande porte, patrocinados por grandes empresas e apoiados pelas instituições governamentais.

Com o advento da internet, tanto a consciência quanto os sucessos comerciais relacionados ao público gl passaram a ser divulgados e discutidos em todos os países do mundo, gerando uma troca de informações propícia a novos negócios que os tornou mais consistentes e profissionais. A própria internet tornou-se um ambiente favorável para gerar empreendimentos gl, com portais e sites de encontros, relacionamentos, viagens, guias e notícias atraindo milhões de visitantes e promovendo grandes retornos financeiros para seus criadores.

Desde o início, ficou claro que o mundo virtual é muito propício para que gays e lésbicas se encontrem, troquem informações e emitam opiniões sem medo. O site gay.com, nascido em 1994 nos EUA pela iniciativa do gay Mark Elderkin, por exemplo, transformou-se rapidamente em um enorme site de bate-papo e encontros. Ao associar-se com PlanetOut, o fornecedor de conteúdo gls para os grandes portais da época, AOL e Yahoo, cresceu de forma vertiginosa.

O trânsito de milhões de internautas deu à empresa um poder de fogo inédito: a PlanetOut comprou várias mídias tradicionais do segmento, como as revistas *Advocate* e *Out&About*, e tornou-se em 2000 a primeira sociedade anônima gay, oferecendo ações na Nasdaq.

Pode-se afirmar que a internet modificou de forma marcante o mercado gls, trazendo à tona uma comunidade acostumada até então à invisibilidade. Os milhões de visitantes, *hits* e bytes mostraram de forma inconteste ao mercado tradicional o grande número e a força dos consumidores homossexuais.

O mercado amadurece no novo século

A chegada do século XXI viu um encontro interessante entre a grande expansão econômica do segmento gls e uma significativa alteração das legislações em vários países em favor do reconhecimento dos homossexuais como cidadãos com os mesmos direitos que os heterossexuais. Além de uniões civis, partilha de herança, recebimento de pensão, declaração conjunta de imposto de renda e outros direitos habitualmente concedidos a casais heterossexuais, muitos governos incluíram a não-discriminação por orientação sexual em suas legislações.

Esse ambiente de naturalidade e legalidade vem estimulando também as empresas a adotarem códigos de funcionamento e políticas de recursos humanos respeitosas para com a diversidade. Noventa e quatro por cento das 500 maiores empresas do mundo listadas pela *Forbes* em 2007 já ofereciam proteção contra discriminação a seus funcionários gays e lésbicas, assim como aos transgêneros. A atitude exibida por megacorporações mundiais como Coca-Cola, Colgate, HP, Ford e Alcoa é repetida por boa parte do mercado. Torna-se agora politicamente correto e esperado de empresas com perfil moderno exibirem – não só na aparência – posturas de não-discriminação por orientação sexual e identidade de gênero.

Essa transformação social que está se firmando nos países da Europa e nos EUA alimenta as novas posturas do mercado, que por sua vez reafirmam a nova cultura de diversidade através de propagandas dirigidas e de produtos e serviços diferenciados para homossexuais, incluindo filmes e programas de TV de alta visibilidade. A naturalidade perante a diversidade começa a permear variadas esferas e a ser exportada para o resto do mundo como a nova postura dos países ricos e democráticos.

Aumentam muito as iniciativas de marketing de grandes empresas dirigidas ao público homossexual, em anúncios com imagens positivas e sem preconceito contra minorias. Alguns segmentos assistem a disputas acirradas e bastante públicas pelo novo consumidor gl, como o automotivo (Toyota e Ford), de turismo (American Airlines, Delta e United), computadores (Apple, HP e IBM), instituições financeiras (Barclays e JP Morgan), cartões de crédito (American Express e Visa). Segmentos com um histórico de mais aceitação da diversidade agora se tornam mais explícitos na sua comunicação com o mercado, como a indústria da moda, dos cosméticos e de entretenimento.

O círculo de imagens positivas na mídia e atitudes de respeito na sociedade ganha mais força ainda, por ser sua dinâmica movida a euros e dólares: os produtos culturais que mostram homossexuais de forma explícita e aceita – como por exemplo os programas de televisão a cabo *Queer eye for the straight guy*, *Will & Grace* e *L word* – geram interesse e lucros ao serem comercializados não só em seus países de origem como em regiões do mundo ainda não tão abertas para a questão.

A primeira década do século XXI é marcada pela globalização, que atinge o mercado gls com estrondo. A troca de idéias e conceitos, que já existia entre viajantes por conta da busca de estratégias para vencer o preconceito, é acelerada pelos meios de comunicação internacionalizados. Os mercados gls de países que tinham tímidas iniciativas são fortalecidos, como Argentina, Brasil, México, África do Sul, República Tcheca, Tailândia, Hong Kong e Israel, entre outros.

Outro aspecto da globalização que também se reflete no mercado gls é a concentração de negócios e capital em poucas e gigantescas corporações. As livrarias e editoras de indivíduos idealistas, os sites e as revistas geridos por pessoas ou pequenos grupos, as empresas pequenas e médias que tinham sido tão bem-sucedidas na década anterior agora sofrem concorrência das grandes e se vêem forçadas a fechar ou ser incorporadas pelos novos donos do pedaço. Ou seja, na medida em que o segmento de mercado de minorias sexuais passa a ser visto como interessante e lucrativo, atrai a atenção das megacorporações, que usam os mecanismos do capitalismo para prevalecer.

Se, por um lado, os produtos e serviços dirigidos a homossexuais tornam-se cada vez mais fáceis de ser adquiridos por meios comuns, por outro lado a postura de transformação da sociedade, de conquista política, de movimentação por ideais se dilui e deixa de ser um valor agregado dos produtos para homossexuais.

4 | O mercado gls no Brasil

Diversidade abaixo do Equador

A América Latina é constituída de países muito diferentes entre si, mas que guardam algumas semelhanças culturais, políticas e sociais. A região como um todo tende a seguir alguns padrões que se repetem, decorrentes da forma – brutal – como foi colonizada pelos espanhóis e portugueses a partir do século XVI, e por ter caído na esfera de influência dos ingleses no século XIX e dos norte-americanos no XX.

Isso significa que, desde o início da ocupação européia, a Igreja católica foi parte integrante dos governos coloniais, determinando o que era aceitável e o que não era perante Deus. Os povos indígenas foram considerados inferiores e brutalmente perseguidos, ou catequizados e aculturados contra a sua vontade. Todas as tradições e culturas diferentes das européias, incluindo-se aí o respeito por expressões de gênero alternativas e pela sexualidade mais livre, foram consideradas pecaminosas pelos religiosos e oficialmente banidas pelas autoridades.

É evidente que essas posições se adequaram bem aos interesses dos colonizadores, que viam essas terras como locais onde ganhar riquezas fáceis para levá-las à Europa, e não como sociedades onde quisessem se estabelecer e viver.

Disso resultou que as populações sobreviventes em toda a região da América Latina tornaram-se "cristianizadas" não por escolha, mas por imposição, e que os valores éticos e morais adquiridos são mais uma obediência à ordem vigente do que o desenvolvimento natural de suas culturas.

Diferentemente de como a sociedade se organizou no norte dos Estados Unidos, os governos aqui foram bem mais centralizados, controladores e autoritários, prestando contas às cortes que os tinham estabelecido e que financiavam tropas para melhor controlar a população.

Sendo assim, até hoje permanece uma forte influência da Igreja católica nas questões públicas, atualmente disputada também pelas evangélicas (que pelo menos em relação ao desrespeito pela diversidade concordam com a vertente católica). O ranço de autoritarismo e controle pelas elites também permanece, mantendo grande parte da população sem acesso a uma educação razoável, com baixíssima renda e sem muita representação política.

Esse tipo de sociedade que se instalou e vigora na região tem a tendência, assim, a ignorar ou perseguir todas as minorias e grupos desviantes da norma, o que inclui as minorias sexuais. Impera aqui, com grande vigor, a heteronormatividade.

Quando somamos a esse caldo o machismo característico das culturas latinas, temos o cenário pouco propício para o desenvolvimento de sociedades que compreendam, aceitem e respeitem a diversidade sexual.

Mas nem tudo é horror, caro leitor, querida leitora. As mesmas características destas nossas terras têm um outro lado

– não planejado, claro – que favorece as transformações pelas quais as sociedades latino-americanas estão passando em relação à diversidade.

Aqui existe mais machismo, mas o outro lado disso é a sensualidade mais facilmente expressa e aberta dos povos latinos, que no Novo Mundo se misturaram à liberdade de expressão tanto dos nativos quanto dos africanos trazidos para a maioria dos países da América Latina e do Caribe.

Apesar das repressões, os povos conquistados mantiveram algumas manifestações de suas culturas "pagãs" mais soltas e sensuais, que sobreviveram na forma de festas anárquicas como os carnavais. Ainda que não exatamente aprovadas pelas autoridades, essas manifestações acabaram influenciando o comportamento das populações e se apresentando como alternativas à cultura dominante. Os carnavais são épocas em que tradicionalmente há espaço para a expressão de papéis e identidades de gênero divergentes – travestis, foliões vestidos com roupas e comportando-se como sendo de outro sexo – e também de orientação sexual – gays e lésbicas se expõem mais e são mais aceitos durante esse período.

O reverso dos valores hegemônicos impostos pela ideologia cristã é a sensação por grande parte da população de que a religião oficial não reflete perfeitamente os valores morais das pessoas. Em locais onde é comum o julgamento pela afetividade – quem é querido é perdoado, quem é considerado antipático ganha julgamentos mais severos –, gays e lésbicas muitas vezes são benquistos por isso. Em cidades pequenas do Nordeste brasileiro, por exemplo, onde impera a fé cega e o machismo exacerbado, ainda assim algumas figuras carismáticas conseguem ser aceitas e respeitadas pela comunidade, havendo até o caso de uma travesti que foi eleita vereadora! A simpatia e contatos pessoais superam a consistência ideológica.

Finalmente, um dos grandes aspectos favoráveis para a disseminação de uma nova postura em relação às minorias sexuais na América Latina é o fato de os países dessa região considerarem de forma geral a cultura norte-americana e européia superior à sua própria. Assim, o que acontece de diferente e novo nas regiões da Terra vistas como desenvolvidas – como, por exemplo, a crescente inserção de gays e lésbicas nas leis e na cultura – é tomado como um exemplo a ser seguido pelos setores mais abertos das sociedades latinas e como algo a ser ao menos tolerado pelos segmentos mais reacionários.

O fato de a América Latina ser uma espécie de colônia cultural dos EUA – assistindo a seus programas de TV, filmes de Hollywood e acompanhando posturas e declarações de celebridades – facilita muito a entrada de idéias progressistas sob o rótulo de "modernidade".

Assim, a região caminha um tanto aos trancos em relação à diversidade. Por um lado, as forças retrógradas são consideráveis e bem instaladas, representadas pelas igrejas cristãs, as elites autoritárias tradicionais e as instituições herdadas dos períodos ditatoriais. Por outro lado, há muita movimentação de setores variados das sociedades na direção de exercícios mais livres da democracia, o que inclui o respeito pelas minorias.

Esse desenvolvimento é bem ilustrado pelo exemplo do Brasil.

Ditadura linha dura

O início do mercado gls no Brasil, assim como no restante da América Latina, foi dificultado e retardado pela ditadura militar que aqui se instalou por tão longos anos.

Como vimos, os movimentos sociais iniciados em 1969 com Stonewall provocaram, entre outras profundas alterações, o surgimento de um segmento de mercado voltado para atender homossexuais. No entanto, exatamente no momento em que, nos EUA, na Europa e na Austrália, alguns grupos conseguiam fazer com que a sociedade começasse a enxergar gays e lésbicas, a América Latina vivia um de seus piores momentos de falta de liberdades civis.

No Brasil, o período de 1969 a 1973 ficou conhecido como os Anos de Chumbo, quando, sob o punho pesado do general Emílio Garrastazu Médici, ativistas políticos foram sistematicamente perseguidos, torturados e muitos assassinados, como o jornalista Wladimir Herzog.

O clima de autoritarismo e violência contra tudo o que não era tradição, família e propriedade estendia-se – evidentemente – a gays e lésbicas, que eram tratados com escárnio pela polícia e com freqüência espancados e presos por "atentado ao pudor".

Logicamente, a maior parte do que acontecia em termos de encontros sociais era clandestino, assim como as primeiras movimentações políticas em defesa de direitos iguais. Grupos como o Somos de Afirmação Homossexual, fundado em 1978, e o Grupo de Ação Lésbica Feminista (GALF), de 1981, no começo tinham encontros a portas fechadas, divulgados apenas entre amigos e conhecidos, e suas atuações públicas exigiam coragem devido ao clima pouquíssimo receptivo da sociedade. *Lampião da Esquina*, primeiro jornal dirigido ao público gay contendo matérias não-discriminatórias, publicado entre 1978 e 1981, era distribuído de mão em mão. No editorial de sua primeira edição, declarava estar

> *mostrando que o homossexual [...] não quer viver em guetos, nem erguer bandeiras que o estigmatizem; que ele não é um eleito nem um maldito; Lampião deixa bem claro o que vai orientar a sua luta: nós nos empenharemos em desmoralizar esse conceito que alguns nos querem impor – que a nossa preferência sexual possa interferir negativamente em nossa atuação dentro do mundo em que vivemos.*

Esse tipo de atitude custou a seus fundadores um inquérito policial, o mesmo acontecendo com o jornalista Celso Cury, que assinava a "Coluna do Meio" do jornal *Última Hora* e foi processado por "ofensa à moral e aos bons costumes" ao abordar temas do interesse de gays e lésbicas.

Durante esses sombrios anos, os locais usados por homossexuais para se encontrarem eram bares e boates comuns, pequenos, divulgados boca a boca, que por circunstâncias variadas acabavam adotados para socialização, como por exemplo o Ferro's Bar e a boate Moustache, ambos freqüentados por lésbicas no centro de São Paulo. Assim como na Europa na década de 30, aqui os gays e as lésbicas não se identificavam como tal, nem os lugares que os atendiam.

Foi somente no final da década, quando a ditadura amainou um pouco sob o comando do general Ernesto Geisel (1974-1979), que houve espaço para que alguns lugares – como as boates Nostro Mondo e Medieval, de São Paulo, La Cueva e os cabarés da Galeria Alaska, do Rio de Janeiro, a Flower's, de Porto Alegre – saíssem da absoluta clandestinidade e se tornassem conhecidos como redutos homossexuais, principalmente de homens. Esses foram os primeiros empreendimentos focados num público que, ao menos depois de passar por suas portas, estava ali justamente para expressar sua orientação sexual diferente da maioria. Alguns empresários perceberam, assim, que oferecer um ambiente não apenas tolerante, mas de incentivo aos encontros gays, era um bom negócio, iniciativa repetida em várias cidades do país.

No entanto, tais boates e bares, quando notados pela sociedade em geral, eram vistos de forma preconceituosa como antros onde todos os homens se travestiam e tinham comportamento espalhafatoso. As autoridades policiais, por sua vez, mantinham uma postura de desrespeito e intolerância, fazendo batidas sem motivo e extorquindo os proprietários e freqüentadores com a ameaça de prendê-los, ainda que a lei brasileira jamais tenha proibido a homossexualidade.

A abertura

"Menino do Rio
Calor que provoca arrepio
Dragão tatuado no braço
Calção corpo aberto no espaço
Coração de eterno flerte
Adoro ver-te...

Menino vadio
Tensão flutuante do Rio
Eu canto pra Deus
Proteger-te..."

"Menino do Rio",
de Caetano Veloso

Com a chegada dos anos 80, o país assistiu à anistia dos exilados políticos e a uma abertura "lenta, gradual e segura" sob o comando do general João Baptista Figueiredo. Brasileiros famosos que tinham vivido no exterior retornaram exibindo uma atitude mais moderna, menos machista e estreita. Caetano Veloso desmunhecou, Fernando Gabeira desfilou em Ipanema com uma sunga de tricô roxa mínima, Ângela Rô Rô tornou público seu envolvimento amoroso com a também cantora Zizi Possi, a transexual Roberta Close tornou-se uma celebridade.

Em 1984 houve também o movimento pelas diretas-já, exigindo eleições presidenciais por voto direto, apoiado em massa pelos grupos e artistas homossexuais.

Todas essas movimentações em favor da diversidade refletiram-se no mercado, que começou a exibir negócios claramente identificados para o público homossexual e a adotar uma postura menos clandestina. Na sua grande maioria, esses lugares ainda eram voltados para a socialização, como bares, boates e saunas, mas o público começou a ocupar também locais mais visíveis, como restaurantes, trechos de praias e quiosques.

As boates Sótão e Papagaio, no Rio, marcaram época pela freqüência mista de homossexuais da zona sul e celebridades, começando ali a tendência que permanece até hoje de ambientes gays serem vistos como modernos, com a melhor música, o entretenimento mais engraçado e sem brigas. Em São Paulo, a boate Corintho, enorme e patrocinadora de grandes shows, mostrou o lado lucrativo e de grandes negócios de um empreendimento voltado para o público gl, enquanto a Rave e o Off ficaram conhecidos pela sua sofisticação e público classe A.

Começou nessa década a acontecer no Brasil o mesmo fenômeno dos *village gays* internacionais, porém em menor escala, com a concentração de negócios gls em ruas como a Vieira de Carvalho, em São Paulo, e a Farme de Amoedo, no Rio de Janeiro.

Como também em outros países, essa concentração fez surgir os primeiros destinos gays do Brasil, cidades que se tornavam pólos de atração para viajantes homossexuais por exibirem uma cultura de maior tolerância. São Paulo era visitada por turistas em busca de vida noturna, o mesmo acontecendo com o Rio, que durante o carnaval atraía ainda gays estrangeiros. Praias conhecidas como alternativas, como Galhetas, em Florianópolis, Arraial d'Ajuda, no sul da Bahia, Paraty e Búzios, no estado do Rio, também atraíam um grande número de homossexuais brasileiros em férias.

No final da década de 80 e início da de 90, o tristíssimo advento da aids no Brasil fez com que muita gente conhecida fosse obrigada a sair do armário, uma vez que, no início, essa epidemia propagou-se mais entre homens homossexuais. O galã das novelas da Globo Lauro Corona foi exposto como gay, o cantor e compositor pop Cazuza assumiu sua bissexualidade, assim como mais tarde o roqueiro Renato Russo. Caio Fernando Abreu, autor de *Morangos mofados*, ficou conhecido do grande público como gay, e um dos mais promissores estilistas da moda brasileira, Conrado Segreto, caiu vítima da aids. A epidemia trouxe para as vistas da sociedade uma quantidade de pessoas bem-sucedidas, bonitas, parte da elite, sem qualquer comportamento aberrante, algumas admiradas até por fãs, que eram homossexuais, contribuindo assim para quebrar alguns dos estereótipos vigentes de que gays seriam todos esquisitos, marginais, criminosos e afeminados. A sociedade brasileira em geral começou a se dar conta de que havia muito mais homossexuais em seu meio do que imaginava, iniciando o lento processo de aceitação pelo qual ainda passamos.

O arco-íris chega ao Brasil

"Eu vejo o futuro repetir o passado
Eu vejo um museu de grandes novidades
O tempo não pára
Não pára, não, não pára
[...]
Nas noites de frio é melhor nem nascer
Nas de calor, se escolhe: é matar ou morrer
E assim nos tornamos brasileiros
Te chamam de ladrão, de bicha, maconheiro
Transformam o país inteiro num puteiro
Pois assim se ganha mais dinheiro"

"O tempo não pára",
de Cazuza e Arnaldo Brandão

Os anos 90 começaram com a primeira eleição presidencial por voto direto, depois de trinta longos anos de ditadura, dando um gosto saboroso à população faminta por democracia. Esse sabor confirmou-se com o inédito processo popular que culminou no *impeachment* desse mesmo presidente eleito, Fernando Collor de Mello, dois anos depois. O fato de momento tão crítico da política nacional não ter provocado o retorno das Forças Armadas ao poder levou muitos brasileiros a um estado de eufórica felicidade por finalmente estarmos vivendo num Estado democrático de verdade.

Antes de ser expulso do Palácio da Alvorada, Collor tomou uma série de medidas que, para o bem ou para o mal, eliminaram as barreiras econômicas e burocráticas para a importação. O Brasil, de repente, passou a fazer parte da comunidade internacional no que se refere ao fluxo de produtos e idéias. Livros, revistas, filmes, vídeos, canais de televisão a cabo, moda alternativa de fora do país tornaram-se acessíveis a grande parte da população urbana, contribuindo para a divulgação de idéias mais abertas e menos preconceituosas a respeito das minorias sexuais.

As próprias viagens, antes difíceis e pouco acessíveis por conta de burocracia, taxas e altas tarifas aéreas, ficaram mais fáceis e baratas, permitindo que muitos brasileiros experimentassem viver por alguns dias ou meses em sociedades mais tolerantes e menos discriminatórias.

Essa conjunção de espírito democrático, acesso à informação e contato com culturas estrangeiras provocou uma verdadeira explosão de negócios voltados para o público gl, porém agora com um perfil totalmente diferente.

Surgiram os primeiros negócios gerenciados ou de propriedade de gays e lésbicas assumidos, que consideravam parte de seu posicionamento no mercado uma estratégia muito clara, positiva e dirigida ao público homossexual. Aliás, foi nessa década que surgiu a sigla gls, de gays, lésbicas e simpatizantes, para indicar locais, produtos e serviços com uma postura deliberada de respeito à diversidade. Esses negócios, diferentemente daquelas boates e bares das décadas anteriores, arriscaram-se em áreas diferentes do lazer e da socialização. Foram criadas então as primeiras empresas de turismo especializadas em gays e lésbicas, como Inter-rainbow, Tropicalis, Ruditour, Over e Álibi, só para citar algumas. Em São Paulo foi aberta a primeira livraria especializada em minorias sexuais, a Livraria do Meio, que depois se transformou na deliciosa Futuro Infinito. Apareceram nas bancas, agora oferecidas a quem quisesse comprá-las e não mais aos conhecidos apenas, a revista carioca *Sui Generis*, que contava com a colaboração de muitos intelectuais de peso, e a bem mais sexy *G Magazine*, que provocou furor ao colocar nu em suas páginas centrais o jogador corintiano Vampeta. Ainda em 1994, a *Folha de S. Paulo* colocou um anúncio na televisão aberta em que um moço chegava em casa e apresentava o namorado aos pais, o primeiro anúncio brasileiro a retratar a união homoafetiva de forma natural.

Nessa época, e seguindo o mesmo ímpeto entusiasmado, surgiu o primeiro selo editorial abertamente dedicado a livros positivos e sem preconceito para minorias sexuais, as Edições GLS, o festival de cinema e vídeo da diversidade sexual MixBrasil, e uma respeitável quantidade de sites e portais voltados a esse público.

Os próprios locais de entretenimento, como bares e boates, sofreram uma transformação profunda, agora exibindo bandeiras do arco-íris, identificando-se como gls e divulgando-se com estardalhaço. Foram feitos grandes investimentos em suas instalações e equipamentos, tornando-os locais de primeira linha, atraindo até mesmo um público hétero simpatizante, devido à qualidade do som e às festas concorridas.

Esse novo espírito de visibilidade do mercado refletiu-se também na organização das primeiras paradas do orgulho glbt, em 1995 no Rio de Janeiro e em 1996 em São Paulo, seguidas por manifestações de rua nas principais capitais brasileiras nos anos seguintes. Houve uma intenção clara de gays e lésbicas de se apresentar à sociedade como pessoas comuns, muito numerosas e dispostas a exigir direitos iguais de forma amigável e aberta.

O impacto foi enorme. Nos anos seguintes, a quantidade crescente e espantosa de gente exibindo-se pelas ruas com bandeiras do arco-íris na mão, dando apoio à diversidade sexual, pegou todos os segmentos da sociedade brasileira de surpresa, suscitando reações rápidas dos meios de comunicação – que mudaram a forma de cobertura dos homossexuais – e as autoridades, que logo adotaram um discurso muito menos preconceituoso.

Relações diferentes entre movimento glbt e o mercado gls

O Brasil e os outros países da América Latina diferem dos mercados mais maduros da América do Norte e da Europa num aspecto que não é trivial: a relação que os grupos de militância pelos direitos das minorias estabeleceram com o mercado gls.
Nos EUA, os famosos protestos que começaram a partir da revolta de Stonewall ajudaram a definir uma nova identidade, de homossexuais orgulhosos de si mesmos. Essas pessoas quase que imediatamente se transformaram em consumidoras de produtos que combinavam com a nova ideologia de respeito pela diversidade, como a já citada bandeira do arco-íris.
Lá, gays e lésbicas perceberam que havia muito poder na escolha do que comprar e do que boicotar, passando a fazer do consumo uma atividade política. Assim, quando surgiram os primeiros negócios abertamente dirigidos a homossexuais, os militantes e simpatizantes de variadas correntes se apressaram a divulgar e dar marcada preferência a esses produtos e serviços.
Quase ao lado do bar de Stonewall, por exemplo, funcionou entre 1983 e 2001 a livraria A Different Light, especializada em literatura

glbt e libertária, que com orgulho declarava ser "gay owned and operated", ou seja, onde tanto os donos quanto os funcionários eram homossexuais. Devido a esse posicionamento claro, os militantes glbt faziam questão de divulgar sua existência e adquirir seus livros ali, não importando o preço ou a conveniência. Nos seus dois anos iniciais, cresceu 75% e atingiu um faturamento anual de cinco milhões de dólares.

Evidentemente, a livraria também fazia questão de expor livros do interesse do movimento glbt, oferecia palestras e abria espaço para eventos a favor dos direitos das minorias, criando assim um círculo de trocas em que todos os envolvidos ganhavam.

No Brasil, no entanto, o conceito de compra consciente não foi tão disseminado, sendo mais praticado por gays e lésbicas individualmente do que de forma sistemática, como uma estratégia política, pelos grupos de militância glbt.

Em São Paulo, por exemplo, a primeira livraria gls da América Latina, a Livraria do Meio, que depois se transformou na Futuro Infinito, penou para sobreviver e acabou fechando as portas. Não aconteceu aqui o mesmo apoio e a divulgação pelos grupos de militância para que um negócio *gay owned* e claramente imbuído dos ideais em prol da diversidade tivesse sucesso econômico.

Aqui, os grupos de militância pelos direitos das minorias escolheram estratégias bem diferentes das dos grupos norte-americanos, europeus, canadenses e australianos. Em vez de investir numa identidade homossexual de cidadãos conscientes de seu poder de voto e consumo, os grupos aqui escolheram a vitimização das minorias.

Na América Latina como um todo, inclusive no Brasil, as ONGs concentram-se na ponta mais desfavorecida do espectro do universo glbt. Aqui, a estratégia é a de atrair atenção e medidas do governo em favor das vítimas de assassinato por homofobia, travestis que apanham, os homossexuais com aids que padecem sem socorro, lésbicas discriminadas pelos serviços médicos públicos e por aí vai.

Tudo isso é verdade, nossa sociedade é mesmo homofóbica e violenta. Mas essa estratégia, pelo menos até o momento, apesar de trazer visibilidade às minorias e medidas de combate à homofobia pelos órgãos oficiais, não tem combinado com o apoio e o desenvolvimento de um mercado gls pujante.

A militância brasileira, assim, não costuma colaborar ou estabelecer parcerias com os negócios dirigidos a homossexuais.

A década da virada

"Os meninos e as meninas
Os meninos e os meninos
As meninas e as meninas
Eles só querem é gozar
E que os deixem a sós"

"Eles", de Cássia Eller

Na primeira década do século XXI, as paradas do orgulho glbt no Brasil se transformaram num fenômeno inédito. A de São Paulo entrou no livro *Guinness* dos recordes como a maior parada do mundo depois de apenas dez anos de existência, suplantando as muito mais tradicionais paradas de Nova York, São Francisco e Paris em quantidade de participantes. Foi também a primeira manifestação pública em favor da comunidade homossexual que ultrapassou dois milhões de pessoas.

O mais impressionante, no entanto, foi que esse tipo de evento se multiplicou por todo o país, acontecendo não só nas grandes cidades como nas pequenas e mesmo nas minúsculas. A década viu surgir, por exemplo, a primeira parada gay de São José de Ribamar, no Maranhão; a de Crato, no Ceará; a binacional Brasil-Bolívia de Guajará-Mirim, em Rondônia; em Alvorada, no interior do Rio Grande do Sul, assim como literalmente em centenas de outras localidades. Em 2007 foram registradas mais de 140 paradas do orgulho glbt no país.

Se a sociedade já tinha reagido favoravelmente no final dos anos 90, no novo milênio parece ter incorporado a noção de que gays e lésbicas são de fato uma grande parcela da população. Clichês como serem todos os gays afeminados, as lésbicas masculinizadas e preconceitos similares aos poucos começam a se desmantelar, no que a mídia televisiva e impressa tem tido papel fundamental ao mudar o tom dado à cobertura de eventos e notícias gays.

Até mesmo as célebres novelas das oito da rede Globo passaram a mostrar casais de homossexuais de forma sistemática e positiva, ainda que contida. Jornais como *O Globo*, do Rio de Janeiro, *O Tempo*, de Belo Horizonte, e a *Folha de S.Paulo* inauguraram colunas semanais gls, surgiram programas em rádios abertas, como *Calça comprida* e *Gay show*, na rádio Mundial, e também as rádios de internet, como a Circuito Mix.

Mais impactante ainda que a exibição de modelos positivos foi a extrema guinada na percepção pública dos direitos das minorias. O programa de João Kleber, apresentado pela RedeTV!, por exemplo, foi retirado do ar depois de ter sido suspenso e multado por insultar homossexuais. Outros canais, por iniciativa própria, suspenderam quadros em que homossexuais eram retratados de forma pejorativa.

Na mesma linha de mudança, juízes em todo o país começaram a promulgar decisões favoráveis ao reconhecimento de casais homossexuais, concedendo-lhes direitos de pensão previdenciária, herança, pátrio poder e benefícios de convênios de saúde, formando jurisprudência favorável aos homossexuais. Alguns estados e municípios adiantaram-se e promulgaram leis contra a discriminação por orientação sexual e identidade de gênero, reconhecendo homossexuais e transgêneros como cidadãos de direito (veja a lei do estado de São Paulo no anexo 2).

Algumas grandes empresas passaram a considerar os parceiros do mesmo sexo como familiares de seus funcionários e estenderam a eles os benefícios oferecidos aos dependentes de seus funcionários heterossexuais. Não apenas isso, criaram políticas específicas de inclusão da diversidade sexual em seu ambiente de trabalho. Gays, lésbicas, bissexuais e transgêneros foram convidados a participar abertamente de grupos promovidos por seus empregadores, expressar suas opiniões e necessidades relativas à não-discriminação.

> **A verdadeira mãe de Chicão**
>
> Um dos casos mais exemplares da transformação pela qual passou a sociedade brasileira foi o apoio público e extenso à companheira da cantora Cássia Eller, morta em 2001. Cássia Eller foi clássica ao não fazer declarações públicas sobre sua orientação sexual, preferindo não dizer nada e não empunhar bandeiras. Ao mesmo tempo, representou uma quebra dos padrões ao tampouco esconder sua homossexualidade, deixando claro que vivia com uma companheira de maneira estável, com quem criava seu filho Francisco, e ao brincar com os papéis de gênero exibindo uma imagem de mulher pouco "feminina" em seus shows.
>
> Quando morreu, o relacionamento entre ela e Maria Eugênia Vieira Martins tornou-se alvo de discussão nos meios de comunicação pelo fato de seu pai, um militar aposentado que é a própria personificação dos valores tradicionais, tentar assumir a guarda do neto contra a vontade do menino.
>
> Numa perfeita demonstração das incoerências das posições da sociedade brasileira a respeito de orientação sexual, regida nesse caso talvez pela simpatia em favor da mãe adotiva dedicada a seu filho de criação e pela antipatia por um avô ausente e pouco compreensivo, o público se manifestou em peso por Maria Eugênia. A companheira lésbica de Cássia Eller foi considerada a pessoa mais adequada para cuidar do garoto e continuar sendo sua mãe e, apesar de a lei brasileira em princípio favorecer os direitos do sangue, o juiz do caso, Leonardo Castro Gomes, da 1ª Vara da Infância e Juventude do Rio de Janeiro, em decisão inédita, entregou a guarda de Francisco Ribeiro Eller à companheira da cantora, em janeiro de 2002.

As multinacionais IBM, Banco Real, Nortel, as estatais Caixa Econômica Federal e Banco do Brasil, entre outras, assim como prefeituras, estados e organizações variados foram pioneiros na implantação desses programas.

Outras empresas decidiram apresentar seus produtos levando em consideração a existência do segmento gls. A Fiat, por exemplo, criou uma histórica campanha publicitária com o mote "Você precisa rever seus conceitos", mostrando na televisão aberta casais pouco tradicionais, inclusive de duas mulheres participando de uma reunião escolar sobre seus filhos. O portal de internet O Site mostrou anúncios também na TV aberta com beijos entre mulheres e entre homens. A Intelig colocou em seu comercial uma *drag queen* punk para convocar os espectadores a usarem o 23 nas suas ligações. Na mídia impressa, houve anúncios de posicionamento estratégico de empresas como a companhia aérea South African Airways, a construtora Tecnisa, as de moda Diesel e Calvin Klein e uma experiência isolada do seguro saúde Unimed em Blumenau, com um outdoor exibindo um casal de homens com o texto "De um jeito ou de outro, todo mundo precisa", referindo-se ao plano de cobertura familiar "para todo tipo de família".

A experiência da Unimed ilustra, no entanto, uma das características mais comuns dos empreendimentos dirigidos ao mercado gls dessa década no Brasil: a falta de planejamento aliada ao completo desconhecimento. Apesar do tão sugestivo texto do anúncio, superpositivo para os homossexuais, o tal seguro saúde familiar na verdade não existia, e dois gays que quisessem contratá-lo precisavam pagar por dois seguros separados.

Houve, para citar outro exemplo, a tentativa de criação de *resorts* exclusivos para gays e lésbicas no Nordeste, uma idéia ousada alinhada com iniciativas internacionais bem-sucedidas. Em todos eles, os proprietários achavam que bastava anunciar que os locais eram dirigidos a gays para que vendessem sem nenhum esforço unidades caríssimas, fora dos padrões de mercado. Baseavam-se num otimismo exagerado, que não levava em conta nenhuma das particularidades e exigências do segmento, confiando tão-somente nas pesquisas que apontam o mercado gls como consumidor de produtos de luxo acima da média da população. Veja o que comentamos a respeito no capítulo 9.

A década assistiu a várias outras tentativas desastradas de explorar o potencial de consumo dos homossexuais de forma impensada, passando por lojas, pousadas, livros, revistas, eventos, clubes, condomínios e até feiras especializadas, entre outros. Parece ter havido uma "corrida ao ouro" desenfreada e totalmente despreparada, visando um lucro imenso e instantâneo sem relação com as leis mais básicas de funcionamento do mercado, como demanda e oferta. Na maioria dos casos, não foram observadas as práticas já demonstradas como funcionais para acessar um segmento diferenciado, seja ele qual for.

O que se vê no momento no Brasil é, assim, um avanço imenso da consciência da diversidade e da percepção do potencial do segmento gls como mercado, porém, ainda não materializado em grandes empreendimentos bem-sucedidos. O nosso mercado permanece no nível mais tímido e pessoal, de indivíduos que conseguem oferecer alguns produtos de forma eficiente, principalmente nas áreas de entretenimento, lazer e turismo.

5 | Quanto vale o mercado gls

Dez por cento da população

O segmento de mercado gls tem algumas particularidades só suas. Diferentemente de outros segmentos – como por exemplo dos negros, dos idosos, das mulheres –, o dos homossexuais não se baseia em nenhuma característica física perceptível (veja capítulo 1), não é simples de mensurar, e seu tamanho e potencial dependem da atitude dos homossexuais e da sociedade em relação a eles.

Os homossexuais que não se vêem como tais, que não aceitam sua orientação sexual ou que a escondem da sociedade não podem ser considerados consumidores plenos do segmento gls, porque não se apresentam socialmente como gays ou lésbicas. Essas pessoas limitam-se, quando muito, aos locais e serviços direcionados aos encontros e ao exercício da sexualidade.

O que atualmente se define como a segmentação de mercado gls é toda a atividade econômica focada nos consumidores homossexuais que aceitam com naturalidade sua orientação sexual, desejando consumir produtos e serviços direcionados ao seu estilo de vida.

Inclui também, especialmente no Brasil, os simpatizantes da sigla, as pessoas afetiva ou ideologicamente próximas dos homossexuais que aceitam com naturalidade sua orientação sexual.

Esse segmento, portanto, tem a particularidade de variar de tamanho, conforme cada sociedade aceita a expressão da diversidade sexual e conforme os indivíduos se identificam como homossexuais e se assumem como tais. É por isso que as sociedades mais abertas exibem segmentos gls consolidados e muito representativos economicamente.

Os homossexuais são também difíceis de mensurar pelo fato simples de que orientação sexual não é uma questão neutra, envolvendo posicionamentos morais, religiosos e de comportamento nada insignificantes. Não é fácil tocar a campainha de uma casa qualquer e perguntar a quem atende se aquela pessoa se considera homo, bi ou heterossexual. Mesmo que fosse, nada garantiria a veracidade das respostas. Existe ainda o problema de que as pessoas nem sempre concordam sobre o que vem a ser homossexualidade, apesar dos variados livros excelentes sobre o assunto (como por exemplo este que você tem em mãos). Como em toda pesquisa, o método também influi. Por exemplo, perguntar na lata, cara a cara, é diferente de perguntar num ambiente acolhedor ou anônimo como a internet.

Por esse motivo, as pesquisas apresentam estatísticas conflitantes. Apesar disso, diversos levantamentos feitos em partes variadas do mundo confirmam que as minorias sexuais existem em números consistentes.

- Fay et al. (1989): 20,3% dos homens adultos tinham tido contatos homossexuais até o orgasmo.

• Sell et al. (1990): em pesquisa feita com 5.700 homens escolhidos aleatoriamente, porcentagem dos que declararam manter atividades homossexuais desde os quinze anos de idade: 11,6% nos Estados Unidos, 7,8% na Grã-Bretanha e 11,6% na França.

• Johnson e Spira (1992): 6,1% dos homens na Grã-Bretanha, 4,1% dos homens e 2,6% das mulheres na França tinham tido experiências homossexuais nos cinco anos anteriores.

• Janus e Janus (1993): 9% dos homens e 5% das mulheres responderam ter experiências homossexuais de maneira freqüente, 4% dos homens e 2% das mulheres identificaram-se como homossexuais.

• Whitehall (2005): 6% dos adultos da Grã-Bretanha consideravam-se gays ou lésbicas.

• NATSAL (2000): 9,7% dos 11.000 homens entrevistados na Grã-Bretanha admitiram ter tido contatos sexuais com outros homens.

• O censo do Canadá conduzido em 2001 encontrou 8,1% da população auto-identificada como homossexual.

• Media and Marketing Europe (2002): pelo menos 6% dos homens mais ricos e influentes da Suécia se identificaram como gays.

O mercado aceita, assim, a suposição de que entre 6% e 11% da população seja de gays e lésbicas assumidos o suficiente para se auto-identificarem como tais, o que não reflete necessariamente a quantidade real de homossexuais nem de bissexuais. Para simplificar e incluir os possíveis bissexuais que estejam vivendo no espectro homo de sua orientação, a maioria dos levantamentos de mercado trabalha com a cifra de 10% de consumidores gl.

Se considerarmos que a população mundial atualmente oscila em torno de 6,6 bilhões de pessoas, os gays e lésbicas do planeta chegam a 660 milhões, ou seja, mais do que as populações inteiras somadas dos Estados Unidos, da Rússia e do Brasil, sobrando ainda o suficiente para povoar a Espanha.

> **O pioneiro relatório Kinsey**
>
> Alfred Kinsey foi um pesquisador que inovou ao inventar um método de pesquisar as atitudes e comportamentos sexuais das pessoas que lhes dava inteira liberdade de resposta e garantia o absoluto anonimato dos entrevistados. Publicou o primeiro de seus famosos e polêmicos relatórios em 1948, pela primeira vez apresentando uma sugestão de matiz da orientação sexual em seis categorias diferentes:
>
> 0 – exclusivamente heterossexual;
> 1 – predominantemente heterossexual, ocasionalmente homossexual;
> 2 – predominantemente heterossexual, mas mais do que ocasionalmente homossexual;
> 3 – igualmente hétero e homossexual;
> 4 – predominantemente homossexual, mas mais do que ocasionalmente heterossexual;
> 5 – predominantemente homossexual, ocasionalmente heterossexual;
> 6 – exclusivamente homossexual.
>
> Suas pesquisas levantaram números surpreendentes: um terço dos homens respondeu ter tido orgasmos com outros homens depois de adultos e 46% dos homens não eram nem exclusivamente homossexuais, nem exclusivamente heterossexuais. Foi Kinsey o primeiro a propor 10% como um número provável de homossexuais na população.

Aliados de peso

Se considerarmos os simpatizantes – pais, parentes, amigos, colegas de trabalho, de escola, terapeutas, professores e outros profissionais que tenham contato freqüente e sistemático com gays e lésbicas – já estaremos falando de uma maioria em sociedades abertas e democráticas.

A pesquisa Datafolha realizada em 1998 e 2007 a respeito da família brasileira, por exemplo, aponta uma surpreendente alteração do índice de aceitação de um filho ou filha homossexual. Em 1998, 77% dos pais achavam muito grave ter um filho com um namorado do mesmo sexo, enquanto em 2007 foram 57% os que acharam o mesmo para filhos e 55% para filhas. Essa alteração demonstra quanto uma cultura de inclusão como a que começa a ser cultivada no Brasil pode propiciar mais conhecimento e aceitação das minorias sexuais e conseqüente aumento de heterossexuais simpatizantes.

Concentração nas metrópoles

O segmento de consumidores homossexuais se destaca de outros segmentos por uma distribuição geográfica bem pouco uniforme. Como outras minorias discriminadas – judeus em países cristãos, muçulmanos em países não-islâmicos –, gays e lésbicas procuram escapar de ambientes preconceituosos, como cidades muito pequenas e regiões excessivamente tradicionalistas ou religiosas, e migrar para ambientes mais amigáveis, como as grandes metrópoles ou mesmo países mais tolerantes. Isso significa que grandes centros urbanos com um histórico de aceitação têm uma porcentagem significativamente mais alta de gays e lésbicas do que "cidadecas" intolerantes.

Uma pesquisa conduzida nos EUA em 2006, por exemplo, revelou que 15,4% da população de São Francisco se identificava como homossexual, o mesmo acontecendo com 12,9% da população de Seattle, 12,8% de Atlanta, 12,5% de Minneapolis, 12,3% de Boston e 12,1% de Oakland, no estado da Califórnia.

Para quem pretende atingir esse público consumidor, é portanto saudável levar em conta que ele tem a tendência de se concentrar nos grandes centros mais desenvolvidos e culturalmente progressistas. O mesmo fenômeno se repete dentro das cidades: gays e lésbicas procuram morar em bairros mais centrais, com perfil mais alternativo ou com alta concentração de equipamentos culturais.

No Brasil, seguir essa lógica nos leva a esperar muito mais gays e lésbicas em capitais como São Paulo, Rio, Porto Alegre, Salvador e Recife, e mesmo dentro delas em bairros específicos, como Ipanema e Copacabana no Rio e os Jardins e o centro em São Paulo.

Gays e lésbicas ganham mais

O segmento gls tem ainda outra característica que o diferencia de outros segmentos. O próprio fato de homossexuais estabelecerem relações com pessoas do mesmo sexo faz com que não tenham filhos, ou ao menos não os tenham sem que se decidam por isso. Daí decorre o que já mencionamos e que aparece em todas as pesquisas sobre consumidores homossexuais: a tendência a serem DINKs (*Double Income No Kids*, dupla renda sem filhos) e por conseqüência sempre terem um poder aquisitivo acima da média.

Uma pesquisa feita pela respeitada empresa de pesquisa de mercado Simmons Market Research em 1988 entre leitores e assinantes de oito jornais gays revelou que a renda média dos homossexuais pesquisados era três vezes maior do que a renda média da população norte-americana.

Um estudo realizado entre os leitores das revistas britânicas *Diva* e *Gay Times* verificou em 2006 que os homossexuais do Reino Unido ganhavam salários bem mais altos que a média da população, de 24.800 libras anuais – os gays ganhando em média 34.200 libras por ano e as lésbicas 30.000.

A empresa européia de pesquisa de comportamentos Eurisko chegou a resultados semelhantes, concluindo que gays e lésbicas italianos ganham 34% a mais do que a média da população, por terem menos filhos que os heterossexuais e por acumularem mais anos de estudo, o que os leva a se concentrarem em profissões de maior ganho.

Quanto vale esse mercado

Se cruzarmos os dados sobre a população provável de gays e lésbicas com sua renda média, teremos uma estimativa do poder de compra do segmento. Segundo a Witeck-Combs and Packaged Facts, que partiu da estimativa conservadora de apenas 6% de homossexuais na população, o mercado homossexual norte-americano em 2007 tinha o poder aquisitivo de 660 bilhões de dólares e terá 835 bilhões em 2011, tendo mais dólares disponíveis que os hispânicos e asiáticos e só um pouco a menos do que os negros, sendo, no entanto, que esses outros segmentos são muito mais numerosos em termos de população.

Seguindo a mesma lógica com dados também conservadores, a Out Now Consulting detectou o poder aquisitivo de 70 bilhões de libras esterlinas de gays e lésbicas na Grã-Bretanha em 2006.

Em 2004, 36% das cem maiores empresas do mundo listadas pela revista *Fortune* anunciaram em meios de comunicação dirigidos especificamente para gays e lésbicas. Em 2006, nos EUA, os gastos com anúncios ultrapassaram 220 milhões de dólares na mídia impressa gay e 27 milhões na mídia on-line.

O mercado de viagens gays representa 54 bilhões de dólares anuais nos EUA, 9,4 bilhões no Canadá, 600 milhões de libras esterlinas na Grã-Bretanha.

> **O mercado gls no Brasil**
>
> No Brasil, o poder aquisitivo do mercado homossexual, se levarmos em conta os 9,4 milhões de gays e lésbicas economicamente ativos (acima de vinte anos de idade) multiplicados pela renda média da população, de 11.873 dólares (2008), teremos o potencial de ao menos 111 bilhões de dólares.
> Esse valor, no entanto, não inclui vários fatores que contribuem para aumentar consideravelmente seu potencial:
> • Gays e lésbicas, segundo pesquisas, ganham pelo menos 30% a mais do que a média da população.
> • Gays e lésbicas se concentram em grandes centros, onde a renda média é muito mais elevada do que no campo.
> • O mercado gls de alguns produtos inclui a nada desprezível parcela de consumidores simpatizantes.

Os mercados gls no mundo

Como já comentamos, o desenvolvimento do segmento de mercado gls está vinculado à livre circulação de informações e às práticas democráticas. Sofre influência também de quanto a nação respeita os direitos humanos, em particular criando leis de proteção contra discriminação e de inclusão das minorias, e de quanto o funcionamento da sociedade independe das religiões fundamentalistas. É por isso que hoje encontramos mercados em diferentes estágios de amadurecimento e que se encontram em transformação, conforme as idéias e práticas democráticas se espalham pelo mundo.

De modo geral, temos quatro estágios:

Mercados fechados

- Homossexualidade proibida e brutalmente perseguida.
- Não existem produtos ou serviços gls.

- Homossexuais não assumidos, com relacionamentos clandestinos.
- Exemplos de países: todos os islâmicos, tanto do Oriente Médio quanto da África e da Ásia, Cingapura, Vietnã, Mianmar, Jamaica, Nicarágua, Cuba, Guiana, boa parte dos países africanos, as antigas repúblicas da União Soviética Usbequistão e Turcomenistão.
- Potencial de crescimento: apenas a longo prazo.

Mercados incipientes
- Homossexualidade pouco tolerada.
- Maioria dos produtos ou serviços, quando existem, ligados ao sexo ou a encontros fortuitos.
- Poucos homossexuais assumidos, alguma luta por direitos pelas minorias.
- Exemplos de países: Polônia, Rússia, China, Índia, a maioria dos países da América Latina e do Caribe.
- Potencial de crescimento: grande, já que essa categoria engloba países com populações enormes, com um impacto provável no mercado homossexual do mundo estarrecedor quando penderem para uma maior abertura. Já imaginou o que vai acontecer quando 10% dos chineses resolverem consumir produtos gays?

Mercados em ascensão
- Homossexualidade tolerada.
- Alguma legislação de proteção e reconhecimento.
- Produtos e serviços em desenvolvimento, não ligados somente a sexo.
- Empresas e instituições públicas em processo de adoção de práticas de não-discriminação.
- Grupos organizados de luta pelos direitos, associações civis de gays e lésbicas e transgêneros.

- Grande número de cidadãos abertamente assumidos como homossexuais.
- Exemplos de países: Argentina, Brasil, Chile, México, Uruguai, República Tcheca, Israel, Japão, África do Sul.
- Potencial de crescimento: muito grande e já em movimento, com oportunidades de negócios acontecendo na atualidade.

Mercados consolidados
- Homossexualidade aceita.
- Legislação clara de proteção e reconhecimento, assim como de criminalização da discriminação.
- Maioria das empresas e instituições públicas com práticas de inclusão.
- Grupos institucionalizados de luta pelos direitos das minorias, associações civis respeitadas e atuantes de gays, lésbicas e transgêneros.
- Mídia e negócios especializados, geridos de forma profissional, com alcance e valor de mercado reconhecidos.
- Patrocínios públicos e privados às iniciativas gls.
- Exemplos de países: Canadá, Estados Unidos, Europa Ocidental, Austrália, Nova Zelândia.
- Potencial de crescimento: médio e com concorrência mais acirrada, porém contando com uma base de consumidores mais conhecida e com um histórico de compras respeitável.

Parte III
O perfil dos clientes gays e lésbicas

6 | No que os clientes homossexuais são diferentes dos heterossexuais

Como já dissemos, gays e lésbicas não escolhem onde nascem e – não custa repetir – acontecem em qualquer família de todas as culturas e todas as religiões de todos os países. Assim sendo, o preceito básico mais correto é que gays e lésbicas são diferentes entre si e reproduzem a variedade cultural da população como um todo. O único traço que com certeza partilham é a orientação sexual, ou seja, a afetividade e o desejo dirigidos a pessoas do mesmo sexo.

No entanto, essa não é uma diferença qualquer e dela decorre toda a diferenciação do segmento gls. Convidamos você, que está lendo estas páginas, a pensar nos homossexuais como um grande grupo de pessoas, ou seja, gente não-uniforme e não à parte da humanidade, porém com alguns traços em comum entre si.

Toda frase que comece categoricamente com "os homossexuais são..." e não continue com a única verdade válida para todo o grupo, ou seja, algo como "pessoas com orientação sexual para outros do mesmo sexo", estará necessariamente errada. Por exemplo: "os homossexuais são sensíveis", "os homossexuais estão sempre na moda" estão incorretas (se não alinhadas com a devida clareza em relação às características que particularizam gays e lésbicas), porque podem ser válidas para alguns grupos mas não para todos os milhões e milhões de gays e – não vamos esquecer! – lésbicas.

As únicas características (absolutamente) válidas para todos (e todas) são as resultantes do desejo homossexual, o amor pelo mesmo sexo.

A experiência da exclusão

A grande diferença entre heterossexuais e homossexuais é a sensação de exclusão que estes últimos sentem. Mesmo hoje, nas sociedades mais avançadas, onde há proteção e respeito pelos cidadãos homossexuais, a heteronormatividade reina inconteste. Religiões e padrões culturais arraigados fazem com que as pessoas tratem os homossexuais, em especial as crianças e adolescentes que ainda não aprenderam a se defender, de forma diferente dos pimpolhos héteros.

Para os homossexuais, isso tem um enorme impacto. Enquanto heterossexuais se vêem aceitos e representados em imagens, rituais e todos os mínimos detalhes de nossa cultura, os homossexuais e bissexuais, assim que percebem os primeiros lampejos de seu desejo, sentem-se diferentes, não acolhidos e, em alguns casos, ativamente rejeitados.

Gays e lésbicas são, aliás, a única minoria que não encontra apoio e aceitação em seu meio familiar. Ao passo que outras pessoas discriminadas, como os negros em sociedades racistas, têm acolhimento ao menos da família dentro de casa, homossexuais, além de sofrerem discriminação na rua, em geral encontram o mesmo desprezo e rejeição entre seus entes mais próximos.

É bom lembrar que a homossexualidade é uma vertente da sexualidade, uma das características mais fundamentais da vida humana. Sentir-se sempre diferente da norma, da maioria da população, das imagens na televisão e nos outdoors, dos colegas na escola e na rua cria uma tensão permanente, interna e externa.

Ainda hoje, a maior causa de suicídios entre adolescentes é a homossexualidade não aceita pelo indivíduo ou pela sua família.

As pessoas que conseguem resolver essa crise e assumir uma identidade homossexual costumam usar esse conhecimento da exclusão como inspiração.

Esse pertencimento à margem da sociedade é característica comum de todos os homossexuais, e costuma ser incompreendido pelos heterossexuais em geral. É percebido e vivido de formas diferentes de acordo com os mecanismos de defesa de cada um, mas mesmo assim a experiência da exclusão gera traços que distinguem os homossexuais da população em geral.

Fortes laços entre homossexuais

Gays e lésbicas, como comentamos, raramente encontram em suas próprias famílias apoio e aceitação suficientes para a expressão da sua orientação. Daí decorre que a maioria desses homens e mulheres cria laços fortes e permanentes com outros homossexuais, que se tornam seus "amigos-irmãos". As pessoas se habituam assim a não só trocar confidências como a se ajudar mutuamente. A população tem pouca consciência das redes de solidariedade e informação que existem entre homossexuais do mundo inteiro, pouco evidentes mas muito eficientes.

Homossexuais, por exemplo, sempre ajudaram outros homossexuais, mesmo desconhecidos, a se situarem em novas cidades quando em viagem ou mudança. Uma das maiores evidências da rede de solidariedade foi observada no início da epidemia da aids, quando era considerada uma "peste gay" por ter começado a se espalhar entre homossexuais e tratada com extrema discriminação.

Enquanto familiares e colegas de trabalho, médicos e a sociedade como um todo ignoravam os que adoeciam, gays e lésbicas sentiram-se tocados e abriram suas casas, aprenderam a cuidar dos doentes, deram-lhes apoio emocional, providenciaram ajuda financeira e se uniram em organizações não-governamentais para promover um atendimento adequado e exigir políticas públicas, que hoje reverteram em medidas de saúde e de prevenção que beneficiam toda a sociedade.

Para quem está pensando em trabalhar com o segmento, a existência desses laços precisa ser compreendida. Gays e lésbicas trocam mais informações sobre produtos e serviços específicos do que qualquer outro segmento e costumam levar em consideração o comprometimento da empresa com a comunidade glbt. Nos capítulos 9 e 10 falaremos sobre como transformar essa característica em medidas práticas para a captação e fidelização do consumidor homossexual.

Invisibilidade

Vamos lembrar que a orientação sexual não transparece em nenhuma característica física ou papel sexual, o que significa que a grande maioria dos 10% de gays e lésbicas da população não se distingue dos heterossexuais em comportamento ou aparência. Ao se verem em sociedades que não os aceitam plenamente, muitos homossexuais escolhem não tornar pública a sua orientação, em alguns casos (que comentaremos mais adiante) fazendo grandes esforços para ocultá-la.

Alguns estudos apontam, por exemplo, que apenas 3% dos homossexuais adotam papéis de gênero muito diferentes da norma social, ou seja, gays que se comportam de maneira afeminada e lésbicas que assumem posturas masculinizadas.

No universo de prováveis 18,4 milhões de homossexuais brasileiros, os visíveis seriam então apenas 550 mil indivíduos. Até mesmo homossexuais assumidos para a família, os amigos e os colegas de trabalho podem não andar com bandeiras do arco-íris em suas roupas para indicar ao mercado quem são, tornando-se invisíveis para quem pretende atendê-los. Eis uma das grandes dificuldades para quem trabalha com o segmento gls: o consumidor é invisível. É muito difícil fazer pesquisas para levantar características e hábitos de consumo, não é fácil selecionar o público-alvo em meio à população em geral nem desenvolver uma estratégia de comunicação eficaz. É preciso compreender bem essas características que estamos discutindo e fugir das armadilhas do caminho fácil que funciona para o mercado heterossexual, que não só não se aplicam como podem ser desastrosas.

Suspeite de machões muito homofóbicos

O senador norte-americano Larry Craig sempre fez uma linha dura hipertradicionalista, tendo sido eleito por um dos estados mais conservadores dos EUA e considerado um dos membros mais consistentes da Coalizão Cristã, de direita para lá de reacionária. Defensor da mulher em casa cuidando dos filhos, do imigrante ilegal na prisão, arma na mão como direito, contra o aborto em todas as circunstâncias, sempre votou contra qualquer direito de minorias, em especial dos homossexuais, seu alvo preferido.
Esse mesmo senador, casado e pai adotivo dos três filhos de sua mulher, desde a década de 1980 é acusado de ser um gay enrustido. E em junho de 2007 foi pego propondo sexo num banheiro do aeroporto de Minneapolis a um policial disfarçado, pelo que foi preso.
Apesar da situação difícil de explicar, continua declarando com máscula firmeza que não é gay...
O que isso prova é que há mais gays e lésbicas invisíveis, entranhados em todos os nichos da sociedade, do que se poderia imaginar.

Sensibilidade em relação ao desrespeito

Essa é uma característica óbvia de qualquer grupo discriminado pela maioria, como negros e índios, mas tem a particularidade de aparecer aqui num grupo que não é tão fácil de ser identificado, como acabamos de comentar.

Assim, é muito comum que essas pessoas se sintam ofendidas pelos constantes comentários e discriminações ocorridos em meios nos quais não há consciência de sua homossexualidade.

Num local de trabalho, por exemplo, as pessoas tomam cuidado em não contar piadinhas racistas diante de um colega negro, mas não costumam ter o mesmo respeito em relação a gays e lésbicas, por acharem que estão num meio exclusivamente heterossexual.

Quem deseja trabalhar com o segmento gls precisa, portanto, atentar para o poder ofensivo e destrutivo que comentários e piadas aparentemente inocentes possam ter sobre funcionários de sua própria empresa e consumidores gays e lésbicas.

O mundo não é apenas heterossexual

Um dos casos que acompanhamos como consultores foi o de uma empresa de distribuição e logística que estava querendo implantar políticas de inclusão no ambiente de trabalho. Um dos sócios, um homem de quase dois metros de altura com aparência e gestos muito masculinos, se apresentou a nós como gay. Contou que se aborrecia sempre que ouvia comentários estúpidos a respeito de "veados", e que chegou a cancelar uma grande compra de veículos para a renovação de sua frota porque o representante da concessionária insistia em soltar piadinhas sobre gays. Nosso cliente não explicou ao vendedor o motivo do cancelamento da sua compra, apenas se cansou e procurou outro fornecedor.
Em sua própria empresa, ele quis garantir que semelhante problema não acontecesse, providenciando o treinamento de seus funcionários para um tratamento sempre respeitoso da diversidade.

Desconfiança em relação aos valores e às tradições dominantes

Visto que gays e lésbicas não se vêem representados pelas culturas em geral, aparecendo, ao contrário, como vilões de muitas tradições, é natural que não desenvolvam vínculos profundos com valores tradicionais.

Por serem durante a vida tantas vezes rejeitados por igrejas, escolas, academias militares e outras instituições respeitadas porém homofóbicas, grande número de gays e lésbicas assumidos acaba criando uma saudável desconfiança a respeito de "verdades" e normas estabelecidas. Esse treino leva a uma postura mais crítica e exigente perante a sociedade e a um certo espírito de inconformismo. Leva também a uma busca constante por informações não distorcidas pela discriminação em todos os meios possíveis, como por exemplo a internet.

Em termos de mercado, isso se reflete num interesse acima da média por produtos de vanguarda e por meios de comunicação alternativos, que ofereçam ou estejam imbuídos de atitudes de mudança. Tanto é que, nos EUA e na Europa, gays são considerados *early adopters* para o mercado de tecnologia, *trend setters* em relação à moda e ao design, e *opinion leaders* em várias áreas da cultura e do entretenimento. A HP, por exemplo, tem o hábito de testar seus novos produtos com consumidores gays.

Esforço para obter aceitação

Exatamente como outros grupos discriminados, gays e lésbicas procuram compensar a exclusão percebida esforçando-se em algum campo onde possam se sobressair. Daí resulta que, em média, são pessoas menos acomodadas com o *status quo*, que se dedicam com mais afinco ao trabalho ou aos esportes ou a obter conhecimentos ou o que quer que percebam funcionar para que sejam socialmente bem-vistos.

É muito comum que gays e lésbicas trabalhem mais horas, façam cursos de especialização ou pós-graduação, leiam mais jornais e revistas, se interessem mais pelas tendências artísticas e culturais, gostem de mostrar familiaridade com marcas de luxo. Essa busca de maestria em algum campo respeitado é um mecanismo para facilitar a aceitação pela sociedade que sentem, em parte, hostil.

O resultado disso é captado por pesquisas que apontam serem os gays e as lésbicas consumidores mais exigentes – em especial em relação ao atendimento –, com maior bagagem de informações para fazer escolhas de consumo e um leque mais amplo de interesses do que a média da população.

Casais do mesmo sexo

Uma outra característica que diferencia homossexuais da população heterossexual é a óbvia parceria entre pessoas do mesmo sexo. Apesar de ululante, essa diferença em relação aos heterossexuais não costuma ser compreendida em todas as suas conseqüências.

Os papéis dentro da relação não seguem o padrão homem/mulher.

Visto que os casais são compostos por dois homens ou duas mulheres, as divisões de trabalho, funções, poderes e decisões não seguem a distribuição tradicional por gênero de nossa sociedade, costumando ser muito mais igualitárias.

Trata-se também de um tipo de casal que se mantém junto apenas porque quer, visto não haver qualquer pressão social em favor dessa união, e que portanto cria as regras de convivência que melhor lhe convém.

Isso não quer dizer que não haja parcerias semelhantes às heterossexuais, nas quais uma pessoa assuma os papéis mais "masculinos" e a outra os papéis mais "femininos". No entanto, isso acontece por escolha, e não por imposição social, e pode ser apenas aparente. Conhecemos vários casais em que, por exemplo, quem dirige o carro e fala com os pedreiros na hora de uma reforma não é a mesma alma corajosa do casal que mata as baratas. Quem tem os modos mais "femininos" e suaves é também quem resolve todos os problemas mais sérios da vida em comum, como em que casa morar, em que ações investir, como economizar para a velhice e similares.

Ou seja, nas relações homossexuais é muito comum acontecer uma negociação dos deveres e atribuições conforme as habilidades de cada um, sem qualquer preocupação com os papéis esperados.

Não só isso; gays e lésbicas podem escolher transgredir os ditos papéis de gênero quando não são confortáveis. A sensação que muitos têm é a de que, uma vez que já não são aceitos pela sociedade tradicional por conta da homossexualidade, as lésbicas, por exemplo, não precisam usar salto alto para atrair a companheira e os gays não precisam lavar o carro no domingo e trocar as lâmpadas da casa quando queimam. Ao contrário, muitas lésbicas aprendem a se virar por conta própria, resolvendo tudo da casa e do carro sem ajuda masculina, e os gays se mostram ótimos "donos de casa", com moradias impecavelmente arrumadas e capazes de cozinhar para si mesmos e seus companheiros todos os dias.

Para quem pretende atingir esses consumidores, portanto, é bom levar em conta que as decisões são compartilhadas e realmente não obedecem àquelas divisões a que o mercado tradicional está habituado, como a mulher resolver a marca da margarina e o homem o modelo do automóvel. Os hábitos de consumo de casais homossexuais ainda não foram devidamente pesquisados, mas garantimos a você que o caminho a seguir é evitar os clichês válidos para heterossexuais.

Os dois e as duas trabalham

Entre homossexuais não valem as separações sexuais de trabalho, ou seja, aquela divisão tradicional de o homem prover e a mulher cuidar. Assim, ambos costumam investir na vida profissional com a mesma intensidade e trabalhar para o próprio sustento, gerando, como casais, a chamada renda dupla. Essa é uma das razões para que moradias de homossexuais tenham renda acima da média da população, um subgrupo do segmento gls por enquanto ignorado pela maioria dos negócios brasileiros. Garantir o uso dessa dupla renda na aquisição de bens duráveis é uma estratégia que já está sendo usada com sucesso nos mercados consolidados internacionais.

Limitação natural para terem filhos

Apesar de as pesquisas indicarem a condição de DINKs, ou seja, que homossexuais têm dupla renda sem filhos, é bom lembrar que isso não é uma circunstância absoluta. Primeiro, porque mulheres podem ter filhos com alguma facilidade através de doadores ou de bancos de esperma. Segundo, porque aumenta a adoção por casais de gays e lésbicas, facilitada por decisões judiciais favoráveis ao reconhecimento dessas novas famílias.

Ainda assim, pelo fato de homossexuais só gerarem ou adotarem crianças quando decidem, costumam fazê-lo apenas quando estão preparados e têm condições financeiras. Esse não é um grupo onde aconteçam famílias grandes não planejadas. A exceção são as pessoas que se casam com parceiros do sexo oposto e só depois assumem a sua homossexualidade, podendo então ter filhos dessas relações.

É claro que não ter filhos aumenta a renda disponível dos homossexuais. A explicação é tão simples que não vamos nos estender, basta que você que nos lê calcule quanto um casal gasta com alimentação, educação, lazer, saúde, fraldas e sabe-se lá mais o quê com filhos.

Também por não terem filhos, homossexuais têm muito mais tempo e energia para se dedicar a estudos, à cultura, ao lazer – em especial à noite, o que explica por que tanto da vida noturna das grandes cidades tem um perfil gls – e a viagens que não precisam seguir o calendário escolar.

Em resumo

As diferenças do consumidor homossexual em relação ao heterossexual são marcantes. Gays e lésbicas:
• Passaram por experiências de discriminação.
• Contam com redes de troca de informação e apoio.
• São em geral invisíveis.
• São sensíveis ao desrespeito e a qualquer sinal de preconceito.
• São arrojados e aventureiros.
• São mais cultos e críticos do que a média.
• Não seguem os padrões de gênero.
• Possuem renda acima da média.

7 | A variedade dentro do segmento gls

Entender a diferença entre homossexuais e heterossexuais é excelente, porém não suficiente para quem deseja realizar bons negócios. Um dos deslizes mais comuns e repetidos para quem inicia um empreendimento dirigido a gays e lésbicas é cair no erro de imaginar que o segmento é constituído de pessoas todas iguais. Até mesmo gays e lésbicas se enganam ao imaginar que podem prever o comportamento de consumo de um grande número de homossexuais utilizando suas próprias vivências como guia. Grandes prejuízos já se originaram dessa falsa impressão.

Nós aqui, como bons samaritanos que somos, vamos passar informações valiosas, que não estão baseadas em nossas vidas apenas.

Apesar de todos os homossexuais do planeta já terem sofrido discriminação e sentirem profundamente a exclusão, faz muita diferença se um nasce numa família evangélica fundamentalista no interior do Brasil e outro numa comunidade budista numa cidade grande da Califórnia. A maneira como a homossexualidade é entendida, vivida e transformada em identidade pelos indivíduos gera vários subgrupos, que vamos explicar.

O meio familiar e a escola

A primeira experiência que a pessoa tem em relação à sua identidade e sexualidade costuma ser guiada pela família e reforçada pela escola ou pela religião seguida dentro do núcleo familiar. Dessa forma, famílias mais democráticas, em que o pai não é a autoridade máxima e inquestionável, permitem que a criança tenha acesso a informações, noções e imagens diferentes da heteronormatividade. Essa criança não-heterossexual terá mais facilidade em compreender e aceitar sua homossexualidade. Uma escola igualmente democrática facilitará o reconhecimento das diferenças entre os indivíduos, assim como uma prática religiosa que não se estruture em julgamentos absolutos.

É bom lembrar que, mesmo numa situação ideal – e rara – como essa, a criança ou adolescente não-heterossexual sempre vivencia preconceito e não-aceitação por parte de colegas na escola e no trabalho, de vizinhos, da sociedade em geral e de si mesmo, ao se comparar às mensagens de conteúdo heterossexual repetidas ao infinito pelas mídias todas.

Numa situação menos ideal e bem mais comum no Brasil e em outros países em desenvolvimento, uma criança ou adolescente que se descobre diferente da norma sofre o preconceito de seus próprios familiares, que tentam "corrigir" o que percebem como um comportamento inadequado; de seus colegas, que ridicularizam e perseguem quem percebem como diferente do grupo; dos professores e agentes pedagógicos, que na maioria dos casos não sabem como lidar com questões de sexualidade nem têm informações corretas a respeito; e de figuras religiosas de autoridade como padres e pastores, que não só não se constrangem em emitir julgamentos discriminatórios violentos e preconceituosos, como ativamente pregam contra gays e lésbicas, fazendo seus seguidores se sentirem muito desconfortáveis em relação à homossexualidade.

Assim, apesar de a exclusão ser comum a todos os homossexuais, o impacto dessa experiência varia muito, dependendo de o meio familiar, educacional e religioso ser mais preconceituoso ou mais aberto e inclusivo, assim como da capacidade de cada um de lidar com a discriminação.

As diferentes gerações

No mundo inteiro, as sociedades estão mudando seus conceitos em relação às minorias sexuais, parte de um grande movimento de democratização e inclusão de grupos antes considerados marginais.

No âmbito dos homossexuais, mais especificamente, os movimentos de luta por direitos iguais começaram no final da década de 60 e ganharam ímpeto durante a de 70 nos países desenvolvidos. Como já explicamos no capítulo 5, essas idéias estão se espraiando de formas variadas por todo o mundo, auxiliadas pela globalização e a internet, e transformando profundamente os comportamentos e as atitudes das sociedades.

Assim sendo, a intensidade da experiência de exclusão varia também de acordo com a idade da pessoa: quanto mais novo o gay ou a lésbica, tanto maior a chance de crescer e construir sua identidade num meio mais respeitoso, tendo acesso a informações livres de preconceito.

No caso da América Latina, incluindo o Brasil, outro componente que faz pesar a diferença de idade é o fato de termos tido no poder, da década de 60 até o final da de 80, uma ditadura militar muito avessa à diversidade.

As gerações que cresceram ou tiveram suas primeiras experiências sexuais durante governos autoritários se sentiram muito mais tolhidas na expressão de sua sexualidade, tendo mais dificuldade de assumir qualquer diferença da norma.

Quem corria o risco de arbitrariamente ser preso ou perseguido pelas autoridades por ser considerado "desviante" da moral e dos bons costumes nem sempre se adapta com facilidade às rápidas mudanças trazidas pelas liberdades democráticas.

Dessa forma, percebemos uma diferença muito grande de comportamentos e auto-aceitação de homossexuais de acordo com sua idade, experiência de democracia e acesso a informações livres durante sua formação. E, exatamente porque essas questões são tão fundamentais, elas também dão uma tônica reconhecível a cada geração.

Homossexuais mais novos estão tendo uma facilidade de encontrar informações e estabelecer relacionamentos com outros homossexuais como nunca antes, e inimagináveis para quem tinha medo de apanhar na rua.

De modo geral, podemos considerar três faixas etárias bem distintas de homossexuais na América Latina em geral e no Brasil em particular:

Nascidos nas décadas de 20, 30, 40 e 50
• Não podiam expressar sua orientação sexual quando jovens.
• Sofreram muita opressão social e cultural durante a maior parte de suas vidas.
• São muito cautelosos em admitir sua homossexualidade, vários mantendo inclusive casamentos de fachada.

• Têm dificuldade de consumir produtos e serviços abertamente identificados como gls.

Nascidos nas décadas de 60 e 70
• Sofreram muita opressão social e cultural durante sua infância e adolescência, passadas sob a ditadura.
• A partir da juventude, tiveram mais oportunidade de expressar sua homossexualidade.
• Assumem com mais facilidade sua homossexualidade, alguns de forma muito pública (como por exemplo nós, autores deste livro).
• Têm mais interesse em consumir produtos e serviços abertamente identificados como gls.

Nascidos na década de 80 em diante
• Passaram toda a infância e adolescência com a possibilidade de acesso a informações livres de preconceito, a exemplos de diversidade sexual.
• Tiveram muito mais chance de expressar sua sexualidade sem tanta opressão.
• Assumem com muita facilidade sua orientação sexual e tendem a expressá-la publicamente.
• São os grandes consumidores homossexuais do futuro, impacientes com limitações e interessados em produtos e serviços eficientes e específicos.

Local de moradia

Faz muita diferença, tanto no Brasil quanto no resto do mundo, se a pessoa passa os anos formativos no campo ou numa cidade grande. Dado que a sensação de exclusão é aumentada ou diminuída pelo acesso à informação e a modelos diferentes da norma, gays e lésbicas de cidades pequenas têm mais dificuldade em entender sua orientação sexual e expressá-la do que os nascidos nas metrópoles.

Os locais menores, apesar de mais acolhedores para seus membros, são também muito mais intrusivos: todos se conhecem e acompanham com atenção os comportamentos alheios, impedindo que homossexuais ousem se identificar. Qualquer atividade não-heterossexual acaba significando assumir publicamente sua homossexualidade para a comunidade inteira.

Somando-se a isso o fato de em geral as cidades menores serem mais tradicionalistas e influenciadas pelos valores religiosos, temos, como resultado, três comportamentos mais comuns: homossexuais que permanecem enrustidos, com freqüência mantendo casamentos de fachada e portanto pouco interessantes como clientes do segmento gls; homossexuais que não conseguem esconder sua diferença e acabam rotulados por todos; e os homossexuais que migram para as grandes cidades para viver sua sexualidade com maior liberdade.

Como já comentamos antes, as cidades grandes são, ao menos por enquanto, os locais onde há maior concentração de gays e lésbicas e muito maior concentração de assumidos, ou seja, potenciais consumidores do segmento gls.

Faz diferença também a região onde a pessoa mora. Não adianta morar numa cidade considerada grande se a cultura regional é machista, inibindo a expressão de qualquer diferença da norma heterossexual mais patriarcal.

Nos países onde se cultiva o machismo – a noção de que o homem é superior à mulher e tem direito a comandá-la e subjugá-la –, gays e lésbicas de todas as classes sociais encontram maior dificuldade em levar uma vida normal. Tudo o que se relaciona ao macho, aos comportamentos agressivos, assertivos, competitivos e conquistadores, tradicionalmente atribuídos aos homens, é glorificado, enquanto as qualidades tidas como da mulher ou femininas são desprezadas e julgadas de menor valor.

Nesse meio, ser tachado de gay é o mesmo que ser "menos homem", mais feminino e portanto inferior. A cultura machista é irracional e inclemente contra os homens homossexuais, perseguindo-os com desprezo, insultos, violência física e até assassinatos.

O machismo não trata as lésbicas com tanta virulência, já que elas não são homens "desviados" como os gays, mas mulheres que – seguindo esse tortuoso preconceito – já são de qualquer forma inferiores e apenas aguardam que um macho de verdade as seduza. Ainda assim, essa cultura não abre espaço para sua individualidade nem a respeita como ser independente.

Considerar o impacto da cultura da região é fundamental, portanto, para estabelecer estratégias de comunicação e desenvolver negócios dirigidos ao segmento gls.

Fatores de grande influência para que homossexuais assumam sua orientação e se tornem consumidores do segmento gls

	Experiência mais repressora, resultando em consumidores menos assumidos	**Experiência mais libertadora, resultando em consumidores mais assumidos**
Idade	Infância e/ou juventude vivida durante a ditadura militar	Infância ou juventude vivida na democracia
Ambiente familiar	Repressor, autoritário, o pai tem a última palavra	Democrático, com espaço para diferença

Educação	Tradicional, um modelo único como correto	Inclusiva, com exemplos de minorias
Religião	Fundamentalistas, que emitem julgamentos	Liberais, permitem interpretação moral
Local de moradia	Pequenas cidades, interior, ambiente rural, região machista respeitosa	Grandes metrópoles, regiões com histórico de convivência

Homens e mulheres

Gays são diferentes de lésbicas porque homens são diferentes de mulheres. Nós sabemos que essa é uma verdade óbvia e evidente, mas é muito, muito comum que as iniciativas dirigidas ao público gls vejam apenas o g da sigla, esquecendo o detalhe nada pequeno de que as lésbicas são mulheres, e que as mulheres não se comportam como os homens.

Essa tendência é realçada pelo fato de a nossa cultura ser machista e não ter o hábito de olhar para as mulheres em geral, que dirá mulheres que não se casam ou não moram com homens, nem estão interessadas em homens.

Muitas pesquisas feitas sobre a homossexualidade levantam dados apenas sobre homens; muitos anúncios em teoria dirigidos a gays e lésbicas são ilustrados com fotos de lindos garotões, e muitos produtos e serviços ditos gls levam em consideração apenas as preferências dos gays.

No caso de homossexuais, as diferenças entre homens e mulheres que já existem na população em geral são ampliadas pelo fato de as relações se darem entre pessoas do mesmo sexo, tanto de amor quanto de amizade.

Não há pesquisas suficientes para acompanhar o que acontece com as pessoas que vivem de certa forma à margem das expectativas sociais e sofrendo menos interferências do sexo oposto. Podemos teorizar aqui que em casais e comunidades de apenas homens ou apenas mulheres, como as de gays e lésbicas, as diferenças ligadas à biologia e aos comportamentos sociais mais profundamente arraigados de homens e mulheres são realçadas.

Por exemplo: homens em geral, héteros ou gays, têm um interesse maior por sexo do que as mulheres, ditado pelo coquetel de hormônios que naturalmente circula por seu corpo e incentivado pela educação que os meninos recebem. Quando temos dois homens juntos ou uma cultura gay masculina, o interesse por sexo fica realçado em hábitos e comportamentos, como evidencia o ambiente de caça das saunas gays ou os quartos escuros de algumas boates também masculinas. Nosso argumento aqui é o de que gays não se comportam de uma forma aberrante em relação aos heterossexuais, mas sim de uma forma masculina, não temperada pelo controle de mulheres.

O mesmo fenômeno acontece com as lésbicas. A medicina, através de estudos comparativos dos hormônios, já comprovou que as mulheres têm menos interesse por sexo (tudo, claro, de forma relativa!), porém, mais capacidade de se envolver em relacionamentos longos e de cuidados do outro (a empatia feminina por seres frágeis tem uma base química no corpo), o que é muito reforçado pela educação que as meninas recebem. Quando temos um casal de mulheres, conta a piada que o segundo encontro já é com o caminhão de mudança, visto que vão inevitavelmente morar juntas.

O que se pode também perceber em grupos de gays e de lésbicas é que, visto que essas pessoas não sentem nem controle do sexo oposto, nem expectativas de comportamento alinhado com o gênero dentro das relações de amor e amizade, elas relaxam e assumem os comportamentos que sentem ser mais autênticos.

Isso quer dizer que muitos gays têm, na intimidade, um comportamento que a sociedade consideraria mais feminino, como por exemplo falar de seus sentimentos e se mostrar vulneráveis. As lésbicas, por sua vez, mostram-se mais assertivas e quase rudes em sua objetividade, o que a sociedade costuma esperar apenas de homens.

Nossa interpretação é de que essas pessoas não estão querendo assumir papéis de gênero do outro sexo, mas sim que os papéis impostos pela sociedade são muito limitantes e que, quando há liberdade, homens e mulheres escapam dessas restrições. Em sociedades em que o machismo é mais relaxado, como por exemplo nos países nórdicos, homens (heterossexuais) assumem papéis aqui considerados femininos, como cuidar das crianças e da casa, enquanto mulheres chegam a ser primeiras-ministras.

Em resumo, gays são diferentes de lésbicas e os dois são diferentes dos homens e mulheres heterossexuais. Entender algumas das características mais comuns ligadas ao gênero (mas nunca absolutas, sempre relativas) ajuda a diferenciar melhor o público-alvo.

Gays

Devido ao maior interesse por sexo e ao fato de homens serem estimulados mais pelo que vêem, gays tomam extremo cuidado com a aparência. Vestem-se bem, freqüentam em alto número as academias, investem em cosméticos e intervenções estéticas como depilação e cirurgias plásticas, saem bastante de casa para ter mais chances de encontros, vão a bares, festas, casas noturnas e restaurantes com freqüência muito acima da média hétero e também das lésbicas, e consomem mais produtos sexuais, como revistas e DVDs.

É importante aqui não cair na falácia de imaginar que gays são promíscuos desvairados que só pensam em sexo. Gays são homens que não estão sendo contidos, criticados e vigiados por mulheres como os heterossexuais, tendo assim mais liberdade para fazer o que qualquer homem deseja. No entanto, são apenas homens numa cultura muito masculina.

Devido ao espírito masculino mais assertivo e acostumado a ir atrás do que desperta seu interesse, gays são também mais aventureiros, buscam novas experiências, visitam lugares exóticos e diferentes, arriscam-se a comprar produtos recém-lançados e a experimentar novos serviços.

São ao mesmo tempo homens muito antenados com a moda, o design, novas tendências da cultura e da arte, ambientes onde exercem uma influência marcante. Preferem as metrópoles mais sofisticadas por oferecerem maior leque de programas culturais e entretenimento gay. Consomem grifes famosas de roupas, perfumes, cosméticos, objetos de arte e decoração.

Por serem homens, têm mais acesso ao poder, ainda que sofram discriminação. São, portanto, mais visíveis, mais combativos, ganham mais do que as mulheres e em geral alcançam posições de mais destaque.

Lésbicas

As mulheres têm uma tendência biológica a investir em relacionamentos amorosos e cuidar da outra pessoa, o que no caso das lésbicas se traduz em grande facilidade para formar relacionamentos duradouros. Por outro lado, seja pelo coquetel de hormônios femininos, seja pelas inibições sociais para que mulheres explorem sua sexualidade, o fato é que lésbicas não têm o hábito de ir atrás do que querem com tanto afinco quanto os homens.

Não há locais de caça feminina, não existem muitos produtos sexuais para lésbicas, e a cultura de encontros é muito mais tímida e familiar que a dos gays. A biologia feminina dita também que esses ambientes sejam regidos pela palavra e não pelo visual, como no caso dos homens. Mulheres adoram poesia, livros, música ao vivo e conversa. Não dão tanta importância para a aparência, não investem tanto em grifes nem na decoração. O conforto e o aconchego são mais importantes do que o *glamour*, tanto em casa quanto nos ambientes que escolhem freqüentar.

Suas escolhas são muito mais guiadas pela rede de amigas e conhecidas do que pelo espírito de aventura, como no caso dos gays. Mulheres preferem seguir indicações e voltar ao que conhecem, compondo um subgrupo do segmento gls das consumidoras mais fiéis do planeta. Há vários casos de empreendimentos focados em lésbicas que duram há décadas sem qualquer mudança essencial, com uma clientela cada vez maior.

Também diferentemente dos gays, talvez por serem menos competitivas, lésbicas se sentem mais em seu elemento na natureza, dando preferência a lugares sossegados, sem vida noturna ou agitações urbanas.

Como grupo, e quem sabe por sentirem na pele a experiência da discriminação não só por serem homossexuais mas também por serem mulheres, as lésbicas demonstram uma grande preocupação com causas sociais, envolvendo-se tanto com ativismo homossexual quanto em associações de proteção do meio ambiente, de animais em perigo, de crianças desfavorecidas e causas semelhantes.

No mundo inteiro, costumam dar apoio a iniciativas de justiça social e se mostram muito críticas a qualquer expressão de machismo, ainda que não sejam diretamente atingidas, como no caso de mulheres que sofrem violência de parceiros. Como consumidoras, em geral prestam mais atenção do que a média das pessoas ao tratamento dado pelas empresas aos seus empregados e ao meio ambiente, além, é claro, das questões mais óbvias de inclusão e respeito da diversidade.

São um dos grupos mais desconhecidos do mercado porque quase nunca estudado. Para complicar, elas sentem menos segurança e coragem para assumir publicamente a homossexualidade. Assim, apesar de existirem em números comparáveis aos gays, lésbicas nunca aparecem nas estatísticas na mesma proporção. Até mesmo nos EUA, que exibe um mercado gls já bem consolidado, somente 10% das ações de marketing são focadas nas lésbicas.

Claro está que são também o público com maior potencial de crescimento e retorno.

Tribos

Não podemos deixar de falar sobre algumas das tribos que fazem parte do universo de gays e lésbicas, principalmente urbanos, ainda mais por ilustrarem tão bem o tema deste capítulo da diversidade entre homossexuais. Vamos dar uma breve descrição das principais, mas o que queremos deixar bem claro para que você, nosso leitor ou leitora querida, evite fazer como tantos já fizeram, é o seguinte: essas tribos são de fato constituídas por gays e lésbicas, são importantes e algumas bem numerosas, porém, *não* representam todos os gays e as lésbicas.

Vamos repetir isso?

É muito, muito comum que empreendedores querendo acessar o segmento gls entrem em contato com um membro de alguma dessas tribos – que têm a vantagem enorme de serem visíveis num mercado invisível – e extrapolem o comportamento, as preferências, as opiniões desse representante de um grupo como sendo válidos para o segmento gls inteiro.

Os próprios gays e as lésbicas com freqüência cometem esse erro, pensando que a tribo à qual pertencem é semelhante a todo o segmento de homossexuais brasileiros. Desastre comercial puro.

> **Alguém pensou no público-alvo?**
>
> Um hotel butique que conhecemos desejava atrair casais gays de alto poder aquisitivo para seus luxuosos apartamentos. A gerência procurou então uma consultoria, o que foi sábio, porém, escolheu uma famosa *drag queen*, que conhecia muito bem toda a cena noturna gay da cidade, para desenvolver o material gráfico da campanha. Os *folders* e *flyers* foram produzidos tendo uma foto de corpo inteiro da dita *drag* na capa convidando as "bees" (gíria muito informal para "bichas", usada apenas entre amigos gays) para se hospedarem no tal hotel. Dentro dos folhetos, num ápice de incoerência, permaneceram as mesmas ilustrações do material tradicional, mostrando a piscina do hotel cheia de crianças e casais heterossexuais apreciando um coquetel no bar.
> O primeiro erro do marketing desse hotel foi imaginar que a *drag* representava bem o seu público-alvo, o que não era verdade. Casais de gays que se hospedam em apartamentos de luxo em hotéis não costumam ser baladeiros, tendo um perfil de mais discrição e mais idade que os gays típicos dos clubes noturnos, e provavelmente sentiriam pouca ou nenhuma identificação com a imagem e a fala da *drag* caso a conhecessem.
> Para completar o erro de direcionamento, fotos de uma piscina cheia de crianças e de casais héteros são tudo o que nenhum gay ou lésbica associa a um local romântico, seja de que tribo for, servindo para espantar por completo qualquer potencial clientela.

As tribos, como já dissemos, são variadas e visíveis, tendo um papel muito importante na conquista de espaços para gays e lésbicas dentro da sociedade heterossexual. São, no entanto, como uma ponta do iceberg, faiscantes, barulhentas e ativas, escandalosamente distintas da norma hétero, alvo de entrevistas e câmeras de televisão, mas pouco representativas da maioria silenciosa do segmento gls.

Eis algumas delas:

Baladeiros e modernos

Em geral gays e lésbicas mais novos, freqüentadores assíduos de casas noturnas e baladas gls tidas como as mais modernas das metrópoles. Gostam de música alternativa mixada por djs conhecidos, exibem um visual moderno e despojado, têm menos preocupação com o corpo mas muito cuidado em manter uma atitude *cool*. Cultivam o conhecimento da cena gay internacional.

Barbies

Gays fáceis de reconhecer pelo comportamento: sempre que chegam na balada tiram a camisa para exibir o corpo perfeito, supermalhado na academia. Freqüentam as casas noturnas tops, as *pool parties* (festas à beira da piscina) mais badaladas, seguem o calendário de festas internacionais como a White Party em Miami e conhecem perfeitamente os djs do momento. Gostam de música eletrônica em todas as suas variações, fazem questão de roupas de marcas famosas e são com freqüência vistos como protótipos dos gays em geral: bonitos, musculosos e consumistas.

Ursos

Gays que se revoltaram contra a norma estética estabelecida pelas barbies e fundaram uma tribo à parte, de homens gordinhos e peludos, pouco preocupados com roupas de grife, depilação ou academias, muito afetuosos e sociáveis. Criaram ambientes bem separados dos clubes noturnos comuns, sem tanta fixação por djs da moda, com todo um vocabulário próprio e até uma bandeira com uma pata de urso. São tudo o que normalmente não se associa à imagem clichê de gays.

Leathers

Sadomasoquistas com o fetiche de vestir couro, em geral negro, incluem gays e lésbicas em seu meio, sem no entanto se importarem muito com orientação sexual. Possuem locais de encontro próprios e toda uma parafernália de equipamentos sexuais, em especial na Europa e nos Estados Unidos. Apesar de algumas de suas imagens serem consideradas simbólicas de toda a sexualidade gay – como por exemplo as ilustrações do artista Tom of Finland –, não se deve imaginar que esse grupo represente a maioria dos gays e das lésbicas.

Ativistas

Gays e lésbicas que participam ativamente de associações e movimentos de luta pelos direitos iguais para as minorias sexuais. Muito bem informados politicamente, esses gays e lésbicas são radicais em suas opiniões e posições, chegando a organizar boicotes e manifestações contra empresas que julgam homofóbicas. Desprezam marcas famosas, o consumismo em geral e mesmo o sistema capitalista; em alguns países as lésbicas chegam a defender o separatismo, ou seja, a criação de comunidades sem homens.

No mundo inteiro, gays e lésbicas ativistas foram e são fundamentais para provocar mudanças das políticas públicas e legalizar as minorias sexuais, para promover o debate de conceitos tradicionais e questionar os poderes das instituições estabelecidas. No entanto, mais uma vez, essa tribo tão visível e articulada, inteligente e cheia de opiniões não pode ser tomada como voz da maioria.

Há várias outras, como os anarco-punks gays, as lésbicas vegetarianas, os bissexuais que praticam troca de casais e por aí vai. Temos certeza de que continuarão a surgir nas grandes metrópoles, como expressão da multiplicidade cultural humana que legitimamente são. Só vamos repetir aos amigos empresários que qualquer tribo representa um grupo e não o todo.

Parte IV
Kit de sucesso para o segmento gls

8 | A empresa amiga da diversidade

Muitas empresas se lançam no mercado gls sem antes darem uma olhada em si próprias. Isso seria o mesmo que alguém querer abrir um restaurante de comida *kasher* no bairro paulistano de Higienópolis, onde há uma grande concentração de moradores judeus. Esse nosso empresário fictício não é judeu, não sabe bem o significado da comida *kasher*, nunca pisou numa sinagoga, não tem nenhuma afinidade cultural ou amizade com judeus, está montando seu negócio baseado na experiência que tem na gestão de famosas churrascarias no Itaim e trazendo delas seus funcionários. Qual é a chance de esse negócio dar certo?

Mais adiante, vamos explicar os outros componentes desse erro tão comum, que acontece sistemática e freqüentemente no segmento gls. Aqui vamos analisar apenas um aspecto dessa situação tão fadada ao desastre: esses funcionários transferidos sem qualquer preparo especial.

O que você acha que vai acontecer se garçons, cozinheiros e gerentes de uma churrascaria precisarem preparar e servir comida separando o leite da carne? Usando apenas carne de animais abatidos de uma forma especial? Precisarem atender pessoas cujas sensibilidades não entendem? E quem garante que não há nenhum anti-semita nesse grupo? Quem garante que todos eles vão respeitar o sotaque diferente e as roupas peculiares desse novo público? Quem disse que vão saber se comunicar com essa população?

Escolhemos como exemplo os judeus, um outro grupo que sofre discriminação em nossa sociedade cristianizada, para que você, caro(a) leitor(a), perceba que o que estamos querendo dizer é uma questão de bom senso e se aplica a qualquer segmento com características diferentes da sociedade em geral.

Um empresário que resolva colher os lucros potenciais de qualquer segmento discriminado precisa, como primeiro passo, avaliar seus preconceitos em relação a seus eventuais clientes, assim como os de seus diretores e funcionários. É bom lembrar que, numa sociedade machista, gerida por valores da Igreja cristã e europeizada como a nossa, o comum é que as pessoas sejam preconceituosas em relação a negros, índios, etnias incomuns, pobres, judeus, umbandistas, ciganos e, claro, homossexuais. Nossas escolas – e as brigas e brincadeiras durante os recreios – na maior parte das vezes costumam ensinar o desprezo pelo que é diferente do homem heterossexual branco, rico e cristão. Se você e seus funcionários não tiverem passado por algum processo especial para localizar e lidar com esses preconceitos, o provável é que eles apareçam na hora em que vocês estiverem lidando com esses clientes.

Nada mais natural que aconteça, nada mais desastroso para que boas relações comerciais se estabeleçam e, portanto, nada mais necessário do que tomar medidas para evitar isso.

Se você quer uma empresa que tenha sucesso com clientes homossexuais, não pode apenas confiar na sorte ou na educação genérica que seus funcionários receberam.

Em primeiro lugar, precisa considerar como são tratados os homossexuais dentro da empresa. Se são em torno de 10% da população, é bem provável que existam gays e lésbicas em seu quadro de funcionários, para não falar dos eventuais bissexuais.

O comum das empresas brasileiras, infelizmente, é presumir que todo mundo seja heterossexual e permitir que funcionários façam piada e tratem de modo desrespeitoso a sapatona do departamento financeiro ou aquele veadinho da expedição. Será que eles são mesmo os únicos homossexuais dentro da empresa?

Vamos lembrar que a grande maioria dos homossexuais não tem comportamento de gênero diferenciado da norma (veja o capítulo 1), não faz questão de anunciar sua orientação sexual aos colegas e mantém um perfil muito discreto de opiniões a respeito. Isso não quer dizer que não sintam o peso da discriminação dirigida às vítimas detectadas como diferentes e que isso não afete seu desempenho. Quando a pessoa gasta grande parte de sua energia tentando esconder ou disfarçar algo que faz parte de sua natureza, é evidente que isso tem um impacto sobre sua atuação profissional.

Pesquisas realizadas em ambientes de trabalho nos EUA demonstraram uma clara relação entre ambiente discriminatório, maior estresse e rendimento abaixo da capacidade de produção dos funcionários. Inversamente, ambientes de trabalho com claras políticas de inclusão e respeito pelas populações vulneráveis (termo politicamente correto para incluir negros, mulheres, pessoas com deficiência, homossexuais etc. etc.) apresentam maior índice de produtividade, menos faltas e menos *turnover*. Quando a empresa consegue instituir oficialmente um ambiente de respeito, quando consegue que a inclusão seja de fato parte da cultura da organização, isso se reflete de maneira positiva na retenção de talentos e numa maior lucratividade.

Demonstrações de preconceito contra colegas de trabalho homossexuais

Preconceito declarado
- Evitar a convivência.
- Não colaborar quando obrigado a fazer algum trabalho em conjunto.
- Demonstrar desprezo, falar com pouco respeito, tratar de forma diferente de outros colegas.
- Selecionar sempre para os trabalhos mais desagradáveis ou humilhantes.
- Fazer comentário ou gesto jocoso ou insultante de forma que o colega veja ou escute.

Preconceito velado
- Contar piadas sobre gays ou lésbicas.
- Usar palavras referentes à homossexualidade – como veado, bicha ou sapatão – de forma pejorativa, em provocações ou brincadeiras.
- Dar menos oportunidades, elogios ou promoções a quem não exibe uma família tradicional.
- Ofertas de atendimento psicológico ou apoio religioso sem que o colega tenha pedido.

Preconceito sutil
- Pressupor que todos os amigos e colegas de que se goste sejam heterossexuais.

Não foi por esporte que 94% das maiores empresas listadas pela *Forbes* adotaram políticas de inclusão e não-discriminação de minorias sexuais.

> **A inteligência da IBM**
>
> A IBM adotou em 1995 políticas de inclusão da diversidade em suas unidades nos EUA, e em 2005 estendeu suas políticas de não-discriminação, que incluem respeito pelos funcionários gays e lésbicas, à IBM do Brasil.
>
> Eleonora Campi, gerente de vendas para a América Latina e presidente do Comitê de Gays, Lésbicas, Bissexuais e Transgêneros da IBM, durante uma palestra no evento DiverCidade em São Paulo, foi bem clara quando lhe perguntaram o que tinha mudado na sua vida depois de se assumir lésbica na empresa:
>
> "Antes, eu chegava na segunda-feira de manhã, ouvia meus colegas falarem o que tinham feito com esposas, maridos, noivos no fim de semana e ficava quieta ou inventava alguma coisa. Era sempre difícil, porque eu tinha que lembrar as mentiras que tinha contado antes. Eu tinha um banco de informações na minha cabeça sobre o que tinha inventado, para não cair em contradição. Hoje, eu conto o que fiz com a minha companheira, e o tempo e a energia que gastava com as histórias eu dedico à empresa".

Além de aferir a situação de preconceito entre seus funcionários, a empresa precisa também garantir que todos compreendam quem são aquelas minorias sexuais, por que e como são diferentes da maioria, quais suas vulnerabilidades. É evidente que essas informações precisam ser divulgadas de forma neutra, sem influência de valores religiosos ou julgamentos moralistas.

Quando os funcionários gays e lésbicas de uma empresa se sentem respeitados, eles não só melhoram a sua atuação como criam coragem para abertamente dar sugestões valiosas para a conquista desse mesmo público.

É evidente que os responsáveis pelas estratégias da empresa precisam levar em conta o que já dissemos antes e aqui repetimos, de que um gay – seja funcionário ou não – nunca representa todos os homossexuais e pode não pertencer ao público-alvo que o negócio deseja atingir. Ainda assim, homossexuais sempre podem fornecer *feedbacks* preciosos em relação a necessidades específicas do segmento gls.

Preparamos aqui uma lista das ações fundamentais para garantir que uma empresa tenha um ambiente de trabalho inclusivo, utilizada como parâmetro por entidades como o Equality Project de Nova York para mensurar o grau de comprometimento das companhias com a não-discriminação. Como a história de conquista de direitos iguais para homossexuais sempre se aliou à dos direitos dos transgêneros, empresas mundo afora costumam implantar medidas de combate à discriminação por orientação sexual e estendê-las à identidade de gênero.

Ações para a inclusão

Incluir a proibição de discriminação por orientação sexual e identidade de gênero no código de ética e normas de conduta da empresa.

A linguagem usada deve ser clara, sem qualquer ambigüidade, e demonstrar total comprometimento da empresa com a manutenção de um ambiente respeitoso e de igualdade.

Divulgar constantemente dentro da empresa a firme intenção de combater a discriminação.

Todos os materiais de comunicação interna, treinamento, procedimentos, escritos ou eletrônicos devem incluir, sempre que pertinente, uma clara menção à não-discriminação por orientação sexual e identidade de gênero.

Toda vez que falarem de discriminação e diversidade, os comunicados da empresa devem incluir a orientação sexual.

Por exemplo: nossa empresa não discrimina nenhuma pessoa com base em etnia, cor, credo, sexo, orientação sexual, identidade de gênero, estado civil, idade ou deficiência física.

Estabelecer procedimentos e canais de comunicação que permitam que homossexuais que sofram discriminação – inclusive de seus superiores – possam reclamar e obter soluções sem sofrer perseguição.

Os procedimentos e canais são similares aos criados para conter comportamentos e condutas como assédio sexual e racismo.

Estabelecer as punições cabíveis em casos de discriminação comprovada em seu ambiente de trabalho.

A empresa deve deixar claro que não irá tolerar comportamentos discriminatórios, independentemente da posição hierárquica dos envolvidos, divulgando as punições cabíveis (advertência, suspensão, demissão sumária por justa causa).

Criar um manual de comportamento e educação que abranja todas as questões de diversidade e inclusão, descrevendo bem claramente as instâncias consideradas de discriminação.

O material deve ser distribuído regularmente a todos os funcionários, inclusive da direção, discutido, sempre renovado com exemplos atualizados e oferecido também pela intranet.

Levar as questões de não-discriminação por orientação sexual e identidade de gênero para a mesa de negociações com os sindicatos e entidades de classe com os quais a empresa mantém relacionamento.

Esse é mais um exemplo do comprometimento claro e público da empresa pela inclusão, com grande potencial de impacto positivo na divulgação de seu posicionamento para seu eventual público-alvo.

> **O assédio moral por orientação sexual está sendo levado a sério pela Justiça do Trabalho**
>
> Assim como o assédio sexual, que antes era praticado sem que sequer fosse percebido como uma falta pela maioria das gerências das empresas (e mesmo pela população em geral), e no entanto hoje é – justificadamente –, razão para que a empresa que permite sua prática seja processada pelas vítimas, o assédio moral, que inclui o mau tratamento por orientação sexual, também começa a entrar no radar da justiça trabalhista como uma falta grave.
> Algumas cidades já promulgaram leis específicas sobre o assunto, como a cidade de São Paulo, cuja Lei Municipal 13.288, de 10 de janeiro de 2002, define:
>
> "Para fins do disposto nesta lei considera-se assédio moral todo tipo de ação, gesto ou palavra que atinja, pela repetição, a auto-estima e a segurança de um indivíduo, fazendo-o duvidar de si e de sua competência, implicando em dano ao ambiente de trabalho, à evolução da carreira profissional ou à estabilidade do vínculo empregatício do funcionário, tais como: marcar tarefas com prazos impossíveis; passar alguém de uma área de responsabilidade para funções triviais; tomar crédito de idéias de outros; ignorar ou excluir um funcionário só se dirigindo a ele através de terceiros; sonegar informações de forma insistente; espalhar rumores maliciosos; criticar com persistência; subestimar esforços."
>
> Vários juízes têm dado ganho de causa a trabalhadores homossexuais que provam ter sofrido assédio moral no ambiente de trabalho, e já existem projetos de lei em tramitação sobre o tema.
> Evitar um ambiente de trabalho discriminatório, portanto, não só aumenta a produtividade da equipe como evita os prejuízos de processos trabalhistas movidos por empregados que se sentem injustiçados.

Promover o treinamento de todo o quadro de funcionários, em especial os tomadores de decisão, abrangendo:

• noções corretas sobre orientação sexual, identidade de gênero e características de cada minoria sexual;

- compreensão das vulnerabilidades de pessoas pertencentes a essas minorias, sejam funcionários, fornecedores, terceirizados ou clientes;
- conhecimento das medidas implantadas pela própria empresa para evitar a discriminação e suas razões;
- conhecimento das características, expectativas e comportamentos típicos dos consumidores homossexuais caso a empresa decida tê-los como público-alvo;
- palestrantes convidados que possam estimular a discussão sobre as minorias sexuais em relação às rápidas mudanças que estão caracterizando nossa sociedade no momento.

Garantir que todos os novos integrantes da empresa sejam treinados seguindo as mesmas diretrizes e que todo o material de treinamento da empresa mencione as questões de não-discriminação por orientação sexual e identidade de gênero.

Manter os temas relativos à não-discriminação presentes nas discussões regulares de avaliação das estratégias da empresa, assim como na comunicação e resolução de problemas entre funcionários e entre departamentos.

Para que o assunto não se torne letra morta, é importante que o corpo diretivo da empresa o considere prioritário.

Sempre que possível, estimular a criação de grupos de funcionários gays, lésbicas, bissexuais e transgêneros, permitir que participem de encontros, conferências e congressos externos, e que incluam atividades suas no calendário social da empresa.

Essas ações servem não só para ampliar o leque de discussões dentro da empresa como também para estabelecer laços entre a corporação e a comunidade glbt.

Incluir normas e procedimentos de não-discriminação em todas as etapas do processo de recrutamento e seleção de pessoal, de forma a acolher candidatos gays, lésbicas, bissexuais e transgêneros.

O material dirigido a candidatos pode incluir declarações como "todos os aspirantes a vagas nesta empresa serão considerados independentemente de raça, cor, etnia, religião, sexo, estado civil, idade, deficiência, orientação sexual e identidade de gênero".

Triar fornecedores, funcionários e gerentes para garantir que não sejam homofóbicos, ou seja, que não tragam preconceitos arraigados contra minorias sexuais.

Um único funcionário homofóbico pode sabotar o esforço de uma empresa inteira de se posicionar estrategicamente no segmento gls.

Homofobia não declarada

Uma editora que conhecemos criou uma coleção de livros dirigidos a gays e lésbicas como tentativa de conquistar um nicho promissor. Um de seus representantes de vendas, no entanto, não se sentiu à vontade para divulgar títulos abertamente favoráveis a gays com medo de que os livreiros e distribuidores – um grupo em que homens machistas e tradicionais predominam – o perturbassem com brincadeiras e o julgassem "pouco macho".
Sua atitude foi a de não incluir o nome da coleção em seu cartão de visitas, não distribuir os catálogos daquela coleção específica e deixar de fazer qualquer esforço para comercializar a coleção.
Todas essas atitudes, no entanto, foram feitas de forma dissimulada, sem o conhecimento da direção. Como o dito profissional cobria uma região importante, causou sérios e evidentes prejuízos, que ele explicava como sendo fruto do preconceito das livrarias em comprar a nova coleção.
Empresários interessados em colher os benefícios do segmento gls precisam, assim, levar em conta que poucos ou mesmo um único funcionário que tenha problemas em aceitar as minorias sexuais pode sabotar a imagem da empresa, a interpretação dos resultados e mesmo levar o produto ou serviço ao insucesso sem necessariamente ser identificado.

Fazer um esforço para contratar gays e lésbicas assumidos quando possível.

Tal atitude facilita a convivência entre as orientações hétero, bi e homossexuais dentro da companhia e torna natural a abordagem das diferenças no dia-a-dia.

Garantir que todos os funcionários tenham os mesmos benefícios e privilégios, independentemente de orientação sexual e identidade de gênero.

Isso significa considerar as uniões não-heterossexuais da mesma forma que os casamentos tradicionais, estendendo aos parceiros dos funcionários os mesmos benefícios dos cônjuges heterossexuais.

Administrar cargos e salários de modo a garantir que funcionários gays, lésbicas, bissexuais e transgêneros tenham as mesmas oportunidades de promoção, treinamento, transferência, alterações salariais, bônus, prêmios etc. que os empregados heterossexuais.

Estabelecer a posição de ombudsperson para questões de discriminação por orientação sexual e identidade de gênero.

Essa pessoa precisa ter acesso à presidência da companhia e a garantia de poder expor os problemas detectados sem qualquer temor de represália.

Claro que é preciso levar em consideração o porte da empresa antes de implantar todas as medidas descritas. As pequenas e médias empresas, que afinal são o grande motor da economia brasileira, precisam fazer algumas adaptações, mas acreditamos ser fundamental que compreendam a importância do treinamento de seus funcionários e da vigilância em relação à cultura interna da empresa. Vamos repetir que, se esta for deixada ao sabor do acaso, há grande probabilidade de se revelar homofóbica e contrária aos interesses da empresa de avançar no mercado gls.

9 | Como criar produtos e serviços para o mercado gls

Claro está que não vamos neste capítulo ensinar a ninguém as técnicas básicas de desenvolvimento de produtos (e serviços), mas sim abordar os pontos em que nosso público específico difere dos mercados tradicionais. Todo o raciocínio existente para segmentos de mercado e aproveitamento de novas oportunidades de negócios valem para o segmento gls. Esse público se destaca, no entanto, por:
• Não haver um grande número de dados confiáveis e acessíveis. O trabalho de pesquisa e levantamento de informações exige um esforço redobrado, além de espírito crítico para triar as muitas bobagens e clichês errôneos que circulam sobre o público homossexual.
• Tratar-se de um público invisível, que não necessariamente deseja se identificar para aqueles que querem criar produtos e serviços para atendê-los.

• Envolver questões de preconceito arraigadas na sociedade, o que pode levar tanto quem pensa em criar produtos quanto seus eventuais consumidores-alvo a ações equivocadas, distorcidas por emoções não conscientes. Poucos são os profissionais que conseguem manter absoluta neutralidade em relação a grupos tão discriminados.

• Não haver canais de comunicação e mesmo comercialização estabelecidos.

Observação e análise

Vamos então montar um roteiro que seja possível seguir para analisar a viabilidade de um produto ou serviço para o segmento de mercado gls.

Nessa primeira etapa, o empresário inovador vai precisar olhar em volta. E ler de novo nosso capítulo 6, para lembrar em que homossexuais são diferentes de heterossexuais. Aí, transpor essas informações para seu negócio. A primeira pergunta é:

Há algum impedimento para o produto ou serviço ser aceito por homossexuais?

Por exemplo, querer abrir um bar declaradamente gay numa cidade do interior da Paraíba é no mínimo arriscado, inclusive para a vida. Lançar um empreendimento imobiliário de alto padrão para gays e lésbicas em Aparecida do Norte é outro negócio que provavelmente não vai decolar.

Esses são casos extremos, mas demonstram a incompatibilidade de alguns fatores – qualquer elemento discriminador ou homofóbico – com nosso público-alvo hipersensível a preconceito. Às vezes um detalhe, como a imagem de um local voltado para a família (presumivelmente heterossexual), como por exemplo um clube cheio de playgrounds e piscininhas infantis, pode se tornar incompatível com um evento que deseje atrair um público gay.

O produto ou serviço tem afinidade com qual subgrupo? Qual a idade do consumidor ideal? Poder aquisitivo? Nível cultural? Em que região essa pessoa mora? É um produto ou serviço com mais apelo para homens, para mulheres ou aquele raro caso de atender aos dois igualmente?

Uma vez respondidas essas questões, dê mais uma olhada no nosso capítulo 7 e veja que subgrupo de gays ou lésbicas constitui seu público-alvo.

É possível ver um reflexo da compreensão dos subgrupos no mercado americano de revistas para gays e lésbicas. Se você abrir as páginas da revista *Advocate*, por exemplo, vai notar que ela é focada em gays principalmente, lésbicas também, de mais de trinta anos, com muito interesse nos avanços políticos do segmento glbt, nas questões sociais e na cultura. Se você por acaso conseguir uma cópia de *Gay parent*, uma revista bimestral de Nova York, vai poder observar que ela se dirige a um outro subgrupo, tanto de gays quanto de lésbicas que têm ou pretendem ter filhos. A preocupação dessa publicação é falar sobre escolas menos discriminatórias, procedimentos de adoção, estados mais inclusivos e outras questões de interesse específico de famílias glbt.

Se você resolver folhear alguma das grandes revistas americanas dirigidas a viajantes, vai de novo perceber que atendem a um outro público. Tanto a *Passport* como a *Out Traveler* focam os homens das grandes metrópoles das classes A e B sem muitas preocupações políticas ou sociais. Já a revista *Curve*, que tem mais de quinze anos de circulação e é a de maior sucesso entre as lésbicas, foca apenas as mulheres, incluindo uma gama de interesses que vai de entretenimento a comportamento.

O que essas publicações demonstram é que os subgrupos são variados e bastante diferenciados, em número suficiente para sustentar negócios focados especificamente neles.

O produto está adequado ao subgrupo que você determinou como alvo?

Você pode estar imaginando que o seu produto é perfeito para determinado subgrupo, por exemplo, as lésbicas de maior poder aquisitivo, porém esquecendo algumas características desse mesmo subgrupo.

Conhecemos um editor de revistas heterossexual com mais de trinta diferentes revistas de sucesso em seu portfólio que resolveu um belo dia lançar uma revista para lésbicas. Chamou um editor de sua confiança, os dois se empolgaram ao selecionar as melhores imagens que conseguiram de mulheres – seminuas e em posições bem sensuais – para colocar na capa e no miolo, e acharam que teriam um estouro de vendas na mão. Ao consultarem duas leitoras em potencial (pelo menos tiveram essa precaução antes de imprimir a peça), ouviram gritos indignados como reação.

Lésbicas não gostam de sexo explícito! Não gostam de homens escrevendo matérias para elas. E certamente não sentiram nenhum encantamento pelo projeto tão heterossexual.

Só para continuar na mesma toada, não temos notícia de sucesso de uma sauna para lésbicas nos mesmos moldes das saunas gays em qualquer lugar do mundo, porque o apelo de sexo fácil e anônimo é quase nulo para mulheres.

Assim, a empresa que pretende atingir determinado subgrupo precisa analisar se o seu produto ou a sua estratégia para divulgá-lo não são conflitantes com as particularidades do público-alvo.

Um produto financeiro com chance de atrair possíveis consumidores homossexuais de alto poder aquisitivo, para citarmos outro exemplo, não deve ser batizado de G investments, gay stocks, portfolio rainbow ou rótulos similares.

Vamos relembrar que as pessoas de maior poder aquisitivo no Brasil em geral estão numa faixa etária acima dos quarenta anos e que, no caso de gays e lésbicas, esse subgrupo necessita de um atendimento com mais discrição e a garantia de que sua orientação sexual não será divulgada, entre outras exigências.

Nos Estados Unidos, um produto financeiro com tais rótulos não teria problemas, porque lá já existe um grande número de gays e lésbicas seniores assumidos – tanto que as casas de repouso para homossexuais estão em alta –, mas, como comentamos, os brasileiros mais maduros ainda não aceitam com tanta tranqüilidade sua orientação sexual divergente da maioria.

Nosso convite aos empresários é, portanto, que não partam de seus próprios desejos e expectativas, mas pesquisem minimamente as necessidades de seu subgrupo alvo.

O produto oferece algum diferencial ou vantagem para o seu público-alvo?

Se o produto ou serviço não tem nenhum impedimento óbvio e se adapta a algum subgrupo, é preciso então raciocinar se ele oferece alguma vantagem ou diferencial para homossexuais em geral ou o seu subgrupo de gays ou lésbicas escolhido.

Por exemplo, é muito comum que donos de hotéis ou pousadas em dificuldades resolvam recorrer ao público homossexual para reerguer seu empreendimento. Mas nós dissemos já várias vezes que tanto gays quanto lésbicas são mais cultos e críticos do que a média. Qual a chance de uma pousada que não está dando certo com público comum atrair hóspedes ainda mais exigentes em relação a muitos fatores, em especial o atendimento? O estabelecimento precisaria oferecer algo além de uma simples bandeirinha do arco-íris na recepção para atrair esses turistas.

Os empresários que desejam trabalhar com o segmento gls precisam lembrar que seu público já consome produtos e serviços das maiores e melhores empresas do mercado. Para captar esses clientes, será preciso pensar em alguma diferenciação específica de seu interesse.

O hotel Axel é um perfeito exemplo de negócio focado em gays: prima pelo atendimento, a maioria dos recepcionistas é gay, todos os funcionários são garantidamente simpatizantes, a decoração é contemporânea e cuidadosa nos mínimos detalhes. O Axel se preocupou ainda com a localização, sabendo que esse é um fator determinante para seu público: as duas unidades estão localizadas em cidades *gay friendly* (Barcelona e Buenos Aires), o primeiro hotel num bairro gay, o segundo num distrito boêmio elegante. Os responsáveis pensaram ainda em detalhinhos charmosos para conquistar sua clientela, como o café da manhã com horários mais flexíveis para quem gosta de sair à noite, informações atualizadas sobre tudo o que acontece de gay na cidade, *flyers* de descontos para lugares gays, além de toques de humor *camp* como colocar um disco de Madonna enterrado na fundação.

Um exemplo: imóveis em São Paulo

Uma incorporadora sediada em São Paulo nos contratou querendo comercializar apartamentos de vários de seus lançamentos para o público homossexual. Como de hábito, não tinham a menor noção do que poderia interessar esses consumidores e planejavam desovar uma série de unidades sem qualquer característica que as distinguisse da maioria das ofertas do mercado imobiliário.

No nosso roteiro, eles pecaram já na primeira: *Há algum impedimento para o produto ou serviço ser aceito por homossexuais?* Sim. A incorporadora planejava vender apartamentos em edifícios comuns, pensados para famílias com crianças. Não estamos querendo dizer que gays e lésbicas tenham aversão a crianças, mas o fato é que em nossa sociedade, ao menos neste momento, os espaços pensados para crianças são heterossexuais. Gays e lésbicas muito provavelmente sentirão um certo constrangimento num lugar predominantemente habitado por casais heterossexuais e seus filhos.

Assim, de início selecionamos os empreendimentos que não tinham sido pensados para casais com filhos. Depois escolhemos os imóveis em bairros mais centrais ou alternativos, com perfil de moradores artísticos, boêmios ou acostumados a conviver com grupos variados. Avaliamos também a vizinhança imediata dos imóveis, eliminando de imediato um próximo a um templo evangélico.

Depois, colocamos a segunda pergunta: *O produto ou serviço tem afinidade com qual subgrupo?*

A incorporadora dirigia seus empreendimentos para a classe A, o que corresponde aos nossos subgrupos de gays e lésbicas de mais de 35 anos, em especial os casais, com renda compatível. Presumimos aqui um nível sociocultural mais elevado, inclusive para apreciar alguns dos luxos dos imóveis, como uma área verde respeitável.

Continuando: *O produto está adequado ao subgrupo determinado como alvo?*

Dois dos edifícios ofereciam quatro vagas na garagem, o que não é importante para nosso público-alvo (que em geral não tem filhos adultos, lembremos) e acabava fazendo com que a relação custo/benefício fosse desinteressante. Um deles tinha ainda o agravante de não oferecer academia, o que para gays – pratiquem eles ou não ginástica – é uma falha.

A última pergunta é determinante do sucesso: *O produto oferece algum diferencial ou vantagem para o seu público-alvo?*

Entre os variados edifícios da incorporadora, somente um deles, localizado num bairro onde havia uma razoável concentração de estabelecimentos gays, restaurantes de excelente qualidade, lojas de grife, além de uma população bastante eclética, oferecia alguma vantagem para nosso público-alvo.

Ele tinha, além disso, uma planta interessante e, por ser um *loft*, era quase garantido que nenhum casal com filhos pequenos se aventuraria a morar ali, por medo de algum acidente.

Nosso parecer foi o de investir numa comunicação dirigida muito discreta e focada para divulgar apenas aquele imóvel. O resultado foi um sucesso em especial com homens, sendo que hoje mais de 60% dos moradores do edifício são gays.

Outro exemplo: o Absolut Resort

Vejamos agora como uma excelente idéia foi por água abaixo: um resort exclusivo para gays e lésbicas.

Nos Estados Unidos e na Austrália há dezenas de exemplos de sucesso desse tipo de empreendimento, o que seria uma base possível para lançar algo semelhante no Brasil. Os dois empresários heterossexuais que investiram no megalançamento na praia de Lagoinha, no Ceará, com certeza estavam pensando dessa forma.

Vamos no entanto fazer aqui nosso exercício básico, que teria poupado a eles um fabuloso encalhe nas areias douradas do Nordeste.

Há algum impedimento para o produto ou serviço ser aceito por homossexuais?

Sim! Quem é que acha que o município de Paraipaba, a 124 quilômetros de Fortaleza, onde fica a paradisíaca praia de Lagoinha, é um local *gay friendly*?

Lagoinha é uma praia muito popular, tanto para os cearenses quanto para turistas, freqüentada especialmente aos domingos por levas e mais levas de farofeiros. Os visitantes costumam lotar a praia, deixar as areias cobertas de sujeira e vasilhames e ainda trafegar em alta velocidade com *buggies*, picapes, jipes e motocicletas. Ela concentra também uma grande quantidade de pousadas, restaurantes e barracas de praia, sendo parada obrigatória de tours regulares de ônibus. Ou seja, apesar de lindíssima, é uma praia lotada e heterossexual, um local pouco provável para que gays e lésbicas se sintam à vontade.

O produto ou serviço tem afinidade com qual subgrupo?

Para se hospedar no Absolut era preciso comprar um título que custava três mil reais para o casal e dava direito a uma semana de hospedagem a cada doze meses, além de pagar taxas anuais de manutenção que variavam de um a dois salários mínimos.

Pelo inacreditável preço proposto, a classe visada era de gays e lésbicas de alto poder aquisitivo, mas esta certamente não teria interesse por um resort anunciado sem qualquer discrição e localizado numa praia tão popular e lotada.

O produto está adequado ao subgrupo determinado como alvo?

Claro que não! Que custo/benefício existiria para que consumidores exigentes, acostumados a um alto padrão de serviços, comprassem um título polpudo para passar uma semana de suas férias todos os anos num local como esse? Por que iriam se interessar em manter um bangalô num local tão distante do eixo Rio-São Paulo e a 124 quilômetros das boates e restaurantes mais próximos, em Fortaleza?

O produto oferece algum diferencial ou vantagem para o seu público-alvo?

Absolutamente nenhum. Não oferecia nada de especial a gays e lésbicas, tendo sido um fracasso instantâneo e previsível.

Também homo e *principalmente* homo

Falamos até aqui sobre a adequação de produtos em dois tipos diferentes de negócios que trabalham com o segmento de mercado gls: aqueles que se dirigem *também* ao público gl e aqueles que se dirigem *principalmente* ao público gl.

Como vimos, no primeiro caso algumas vezes o produto já existe dentro do portfólio da empresa, bastando fazer uma seleção e uma comunicação bem dirigida para obter sucesso com o segmento gls, como comentaremos no capítulo a seguir.

No caso de empresas que desejam trabalhar principalmente com o público homossexual, as perguntas de viabilidade são as mesmas, mas a sobrevivência da empresa depende de uma real compreensão das necessidades de seu público.

Fizemos um levantamento de algumas necessidades básicas específicas de homossexuais para ajudar empresários que desejem desenvolver novos produtos ou orientar seu negócio principalmente para gays e/ou lésbicas.

Algumas necessidades básicas de gays e lésbicas

Encontros com outras pessoas com a mesma orientação sexual.

Dado que gays e lésbicas são minoria em sociedades que em maior ou menor grau os discriminam, uma das mais prementes necessidades desse grupo é a de encontrar seus semelhantes.

Os negócios mais antigos voltados para atendê-lo são os bares e as boates que existem nas metrópoles mundo afora, mas recentemente estamos vendo essa mesma necessidade sendo suprida também por sites de relacionamento, de encontros e de bate-papo, todos de muita visitação e gerando significativos lucros.

Ambientes que aceitem a homossexualidade

Novamente, uma minoria que é discriminada sente necessidade de locais seguros, amigáveis, onde possa ficar à vontade com seus eventuais parceiros. Quanto mais o local puder garantir que seus freqüentadores homossexuais serão respeitados, bem tratados e protegidos — de olhares, piadas, comentários, ataques — de outros freqüentadores ou da sociedade em geral, tanto melhor estará atendendo a essa necessidade. Um cruzeiro tradicional que atenda corretamente eventuais viajantes gays não será percebido como tão acolhedor quanto um cruzeiro exclusivamente dedicado a gays.

Faltam no Brasil ambientes voltados para gays ou para lésbicas fora do circuito noturno de bares e boates, uma necessidade que poderia ser atendida com um pouco mais de criatividade.

Modelos positivos de homossexualidade

Gays e lésbicas, em especial os mais jovens, sentem uma ânsia profunda de conhecer e idolatrar gays e lésbicas famosos, bem-sucedidos, bonitos e assumidos, que espelhem de forma positiva a orientação sexual de minoria.

Quando as pessoas da indústria do entretenimento e as celebridades compreenderem melhor essa demanda, temos certeza de que teremos bem mais astros e estrelas fora do armário, vendendo não só a si mesmos e suas apresentações como variados produtos com os quais associem sua imagem. É tão evidente essa fome por ídolos que até mesmo pessoas famosas que não chegam a assumir abertamente sua homossexualidade, mas dão claros sinais de sua orientação, tornam-se especiais para grandes grupos de gays e lésbicas, vendendo CDs, shows, peças, programas de televisão e outros eventos.

Validação por pessoas famosas

A Madonna não é lésbica nem a Cher um travesti, como todo mundo bem sabe, mas mesmo assim essas duas mulheres tornaram-se ícones para uma grande quantidade de gays do mundo inteiro ao mostrarem uma postura clara de aceitação de homossexuais. Não são as únicas a terem conquistado a adoração dos gays, fazendo parte desse grupo gente variada como Diana Ross, Gloria Gaynor, a princesa Diana, Judy Garland, o lindíssimo metrossexual David Beckham, o ator mexicano Gael Garcia Bernal, o brasileiro Rodrigo Santoro. Todos esses ícones adotaram ou adotam posturas e discursos favoráveis à diversidade e à livre expressão da sexualidade. Essa declarada aceitação rende a eles públicos fiéis que muitas vezes catapultam suas carreiras.

Validação por meio de produtos culturais

Gays e lésbicas querem ver não apenas pessoas de carne e osso, gays e heterossexuais, demonstrando que aceitam sua orientação sexual, como também assistir a essa mesma inclusão em peças de teatro, programas de televisão, filmes, espetáculos de dança, letras de músicas, livros, revistas, sites e toda a gama de expressão de nossa cultura.

Não existe ainda oferta suficiente para atender essa demanda, estando o Brasil apenas nos passos iniciais, mas vários grupos de teatro nacionais, por exemplo, se aventuram em apresentar peças de conteúdo gay, como *A soma de nós* e *A bofetada*, pela Cia Baiana de Patifaria. No mundo, temos filmes como os de

Pedro Almodóvar, o fenômeno *Brokeback mountain*, os programas de televisão *L Word*, *Will and Grace*, *Gay eye for the straight guy* e uma infinidade de livros, revistas, DVDs, CDs, shows de humor de muito sucesso, acompanhados por públicos fiéis por apresentarem conteúdo gay ou inclusivo.

Informação sem discriminação

Dado que gays e lésbicas não são maioria e vivem em sociedades que nem sempre os reconhecem, existe uma clara necessidade de informações de interesse específico para esse segmento que não fazem parte do *mainstream*. Homossexuais procuram sempre todo tipo de canal de comunicação que ofereça fatos e notícias relevantes apresentadas sem preconceito, como sites, livros sobre sexualidade, jornais, revistas. Essa necessidade é particularmente observável no segmento de turismo, no qual mapas, folhetos, guias de endereços e revistas especializadas são muito consumidos.

Canais de expressão abertos para a diversidade

Dado que quase todos os meios públicos de expressão são dominados por pessoas e mensagens heterossexuais, quem não se adapta sente necessidade de encontrar alternativas. Sites que permitem fóruns, bate-papos, vídeos de conteúdo gay, assim como eventos abertos para todo tipo de tribo, a exemplo das paradas gays e *gay days* em parques temáticos, concursos como o da Miss Brasil Gay em Juiz de Fora e similares, são consumidos com avidez.

Os festivais de cinema focados em minorias sexuais costumam fazer sucesso em todo o mundo, em Berlim acontecendo por exemplo a entrega do prêmio Teddy para o cinema *queer* durante o famoso Festival Internacional de Cinema daquela cidade. Pesquisas já apontaram que os festivais de cinema e vídeo glbt são os mais numerosos e contam com mais audiência, confirmando a necessidade desse público por canais de expressão.

Empresários que desejem focar um negócio no público gls devem então ficar atentos e procurar atender ao menos a uma das necessidades mais básicas do segmento. Quando isso acontece de forma satisfatória, o negócio pode até não ser tão competitivo em seus outros aspectos e ainda assim manter seus clientes. Um restaurante, por exemplo, que consiga criar uma atmosfera verdadeiramente amigável para homossexuais poderá até falhar um pouco na qualidade de seus pratos sem perder o grosso da clientela.

Negócios que conseguem atender a mais de uma necessidade básica de maneira eficiente são os verdadeiros ímãs dentro desse segmento, como por exemplo os estabelecimentos gays (bares, livrarias, boates, restaurantes) em bairros super *friendly*, como o Castro, em São Francisco. Ali vemos informação (folhetos, mapas, revistas, *flyers* fáceis e acessíveis) somada a ambientes seguros e propícios para encontros e coroada por serviços eficientes.

10 | Como se comunicar com clientes homossexuais

A comunicação é um instrumento fundamental para qualquer empresa, inclusive as que desejam trabalhar com o público gls. Com o perigo de nos repetirmos, vamos lembrar que nesse segmento estamos lidando com pessoas críticas, que já sofreram ou sofrem discriminação e que em geral passam despercebidas. A comunicação feita pela empresa através de suas peças publicitárias, de todos os seus materiais e da fala de seus funcionários quando atendem os clientes costuma ser julgada pelos homens e mulheres homossexuais atingidos de maneira implacável. Um erro vale mais do que mil pedidos de desculpas.

Um silêncio desconfortável do outro lado da linha telefônica quando o cliente dá a entender que tem um parceiro do mesmo sexo, por exemplo, anula dez outdoors da empresa tentando atrair o segmento gls. Sim, pode ser uma questão pessoal do atendente, mas sua reação ainda indica que não foi devidamente triado e treinado para trabalhar sem preconceitos.

As eternas fotos de casais heterossexuais – brancos, sorridentes, com um filhinho e uma filhinha, ainda por cima – são um desestímulo instantâneo para a leitura de qualquer texto que acompanhem. Parece óbvio, mas o fato é que hotéis, pousadas, resorts e destinos que desejam captar turistas homossexuais não costumam se dar ao trabalho de substituir esse tipo de imagem quando elaboram materiais específicos gls.

Mas não é apenas de comunicação dirigida e específica que são feitos os desastres.

Muitos gestores esquecem que suas peças publicitárias e de divulgação na grande mídia atingem não apenas os clientes cujo perfil conhecem, mas também um grande número de pessoas as mais variadas, inclusive gays e lésbicas.

Quando a escolha de imagens, textos e personagens revela uma postura discriminatória por parte da empresa, em especial aos olhos atentos dessa nossa minoria sensível à discriminação, a reação pode ser o oposto do desejado para a imagem da corporação.

Vejamos o exemplo do anúncio do automóvel Gol veiculado na televisão brasileira em 2003. Nele, uma mulher não esconde seu desapontamento quando um homem másculo no qual está interessada se aproxima dela e pergunta sobre seu batom. Ele de repente muda de modos, fala de maneira afeminada e diz que amou a cor. A mulher declara para a câmera que gosta do Gol porque ele não decepciona.

Os vários preconceitos embutidos nessa seqüência – de que gays se interessam por batom, de que gays são uma decepção – são completamente insultantes para os gays. Será que a Volkswagen acha que não tem compradores entre os homossexuais? Será que a piadinha besta vale a alienação de um grupo tão grande?

O comercial teve, no entanto, um efeito pior que a eventual perda de clientes, porque provocou a mobilização de vários grupos de militantes glbt, que organizaram manifestações na porta da fábrica, entre outras reações. A cobertura por parte da mídia foi intensa, transformando o resultado do anúncio em tudo o que a montadora *não* desejava agregar à sua imagem. A Volkswagen do Brasil acabou emitindo um pedido oficial de desculpas e investiu em um custoso patrocínio da Parada do Orgulho GLBT de São Paulo como política de contenção de danos.

Assim, nossa recomendação é que tanto as empresas que tenham os homossexuais como seu *target* quanto aquelas grandes empresas que querem sobreviver numa sociedade cada vez mais diversificada tomem cuidado com a sua comunicação.

Os simpatizantes já são maioria no Brasil

Um dos maiores medos declarados das empresas e agências de publicidade é o de que, ao produzirem peças favoráveis ao público homossexual, acabem espantando o público heterossexual. Reza a lenda que, se ofenderem a maioria, seus clientes vão se sentir indignados e abandonar a marca divulgada.

No entanto, não é isso o que a sociedade tem mostrado. Além de grande receptividade para os movimentos de inclusão das minorias, cada vez mais brasileiros entendem que mensagens claras de aceitação das diferenças significam tolerância e inclusão de todos os segmentos em geral.

Uma propaganda que aborde gays ou lésbicas de forma simpática, nessa nova sociedade mais inclusiva em que estamos vivendo, será cada vez mais percebida como algo moderno e positivo para todos.

Um exemplo de simpatia para com a diversidade foi a série de comerciais da Fiat que proclamava "Está na hora de rever os seus conceitos". Num deles, uma reunião de pais numa escola mostrava com naturalidade um casal de duas mulheres.

Os comerciais geraram muitos comentários positivos, foram reapresentados em seminários e workshops como exemplo de inclusão. A Fiat chegou a ganhar um prêmio pelo respeito à diversidade dos organizadores da mesma Parada do Orgulho GLBT de São Paulo que havia protestado contra a Volkswagen. Coincidentemente ou não, a Fiat já se tornou a maior montadora do país.

Pesquisa nacional sobre cidadania e sexualidade

Um levantamento feito em 2006 pelo Instituto Brasileiro de Pesquisa Social com dois mil entrevistados em todo o território nacional apontou dados interessantes:

- 82% declararam que a convivência com homossexuais na escola, no trabalho ou na família não traz problemas de relacionamento.
- 54% são a favor dos direitos dos homossexuais, sendo que entre os entrevistados com até 24 anos essa porcentagem chega a 94%.
- 75% convivem com alguém que é homossexual no seu dia-a-dia.
- 56% respeitariam e apoiariam a decisão de um parente próximo de assumir sua homossexualidade.
- Em relação ao projeto de união civil entre pessoas do mesmo sexo, 30% são favoráveis, 37% indiferentes e 30% contrários.

A pesquisa mostra uma clara tendência de mudança dos valores sociais: quanto mais jovens os entrevistados, tanto maior sua aceitação de homossexuais e transgêneros. Em alguns casos, a diferença é gritante, como na resposta sobre a união civil. Enquanto somente 15% dos entrevistados com mais de 70 anos são a favor, entre 16 e 24 anos são 41% os que se declaram favoráveis à lei.

Diretrizes para uma comunicação sem preconceitos

Como já percebemos que a sensibilidade para as questões das minorias não são o forte de nossas agências e departamentos de marketing, vamos fornecer uma listinha de boas práticas já adotadas por algumas grandes empresas, em especial européias e norte-americanas, para auxiliar na tomada de decisões de marketing.

As diretrizes foram pensadas para que a empresa se comunique com todos os públicos sem ofender as minorias sexuais. Vamos também dar sugestões para que os negócios que pretendem focar em especial o público gls o façam de maneira interessante e respeitosa.

Materiais que incluam a diversidade

Sempre que produzir fotos, ilustrações, exemplos de pessoas, procure garantir que haja representação de variadas idades, raças e etnias, e que a representação de gênero evite os clichês de família heterocêntrica (homem, mulher e dois filhinhos), assim como o de papéis de gênero (mulheres sempre de salto alto e cabelos longos, homens sempre de barba feita, cabelo curto, terno).

Uma boa prática seria mostrar, por exemplo, imagens de casais homossexuais, casais inter-raciais, homens e mulheres aparentando profissões inesperadas para seu gênero (mulheres motoristas, pilotas de avião, nas Forças Armadas; homens cozinhando, cuidando de crianças, limpando a casa).

Bom uso do humor

O senso de humor costuma ser um ingrediente saboroso de muitos comerciais e materiais de divulgação. Até algum tempo atrás, usar os clichês associados a homossexuais e transgêneros era aceitável para o grande público e não gerava impactos negativos para a empresa ou o produto. Como já comentamos, isso não é mais verdade. Assim, o humor precisa ser utilizado com muito cuidado e jamais cair no tipo de chavão que programas como Casseta & Planeta tanto empregam. Evite apresentar gays afeminados como alvo de violência ou ridículo. Evite mostrar homens ou mulheres homossexuais como um perigo para heterossexuais, como se andassem permanentemente à espreita. Não confunda identidade de gênero com orientação sexual, como foi o caso do anúncio da Volkswagen que citamos.

Um bom exemplo de uso adequado de humor pode ser visto na série de anúncios da Bombril com Carlos Moreno, que quebra os estereótipos masculinos e heterossexistas. Carlos aparece com roupas e modos os mais variados, tanto de homens como de mulheres, e sempre brinca que Bombril serve para tudo.

Sensibilidade para as múltiplas expressões da sexualidade

Nem todo gay é afeminado, nem toda lésbica é caminhoneira, nem todo travesti é agressivo, nem todo bissexual é promíscuo e por aí vai. Usar qualquer desses tipos em excesso ou apresentá-los como se representassem todos os indivíduos de cada minoria não funciona e tem o potencial de ofender.

Criar equilíbrio entre os tipos apresentados é sempre bem-vindo. O casal de mulheres que aparecia no comercial da Fiat, por exemplo, era de duas lésbicas de aparência comum e feminina. Os casais homossexuais nas novelas atuais são outro exemplo de imagens de minorias não-estereotipadas.

Inclusão de pessoas de minorias sexuais em situações cotidianas

Gays, lésbicas e bissexuais fazem compras, vão ao cabeleireiro, abastecem seus veículos, vão pegar crianças na escola e por aí vai. Imagens e textos que demonstrem a percepção de que essas minorias existem, são comuns e fazem parte da vida cotidiana de todos nós são instrumentos poderosos de aproximação. Já o uso de pessoas de minoria apenas em situações extremas, que dêem a entender que gays e lésbicas pertencem a um universo paralelo violento e hipersexualizado, funcionam para afastar o público gls.

Associar gays a ambientes escuros, lésbicas a situações de sexo grupal, a comportamentos de risco, drogas, alta velocidade ou qualquer cena que não faça parte do que se entende como "familiar" é exibir preconceito e reforçar as imagens negativas sobre as minorias.

Cuidado com o uso de celebridades

O marketing brasileiro usa e abusa de pessoas famosas para falar de algum produto ou serviço, em geral levando em conta apenas sua popularidade. Empresas atentas às questões da diversidade, no entanto, farão bem em conferir as declarações e atitudes das celebridades a respeito de minorias antes de associar sua marca a elas. Jogadores de futebol que tenham por hábito falar com desprezo de homossexuais, por mais vitoriosos que sejam em suas carreiras, serão escolhas infelizes para a companhia que não deseje se apresentar como preconceituosa.

Por outro lado, escolher celebridades ou personagens que sejam homossexuais assumidos ou tenham uma posição claramente favorável à diversidade em todas as suas declarações agrega à empresa que utiliza essas pessoas famosas em seus comerciais uma imagem muito positiva de abertura e aceitação, facilitando a fidelização do segmento gls.

Levantamento de informações

Gays, lésbicas e bissexuais podem ter sensibilidades, preferências, ídolos, referências e vocabulários diferentes da maioria heterossexual. A empresa precisa levar em conta essa cultura paralela e pouco evidente para comunicar sua proximidade e mesmo cumplicidade com o público gls. Assim, é interessante que colha o máximo de informações de representantes e formadores de opinião de seu público-alvo, que use os serviços de especialistas na construção de seu plano de marketing e comunicação e que teste, quando possível, suas peças com grupos focais.

Relacionamento com a imprensa

Um dos aspectos da comunicação que merece cuidado especial é o relacionamento com a mídia, que tanto pode repercutir de modo positivo a informação oficialmente veiculada nas campanhas como destruir os esforços da empresa ao expor eventuais contradições.

A companhia que toma uma posição em relação ao segmento gls precisa fazê-lo de maneira uniforme, passando a mesma mensagem de respeito em suas peças, *releases* fornecidos à imprensa e declarações de seus executivos. É inteligente que todos os gestores que tenham contato com jornalistas façam *media training* em relação ao vocabulário adequado e respeitoso para com minorias, assim como ao conteúdo correto da abordagem da empresa relacionada ao segmento gls.

A frase descuidada de um presidente ou diretor pode gerar manchetes, protestos e reações bastante adversas do público se for interpretada como homofóbica, causando danos à imagem e à reputação da empresa por um longo período.

Posição perante reações fundamentalistas

Quando as empresas se posicionam de maneira claramente favorável a minorias sexuais, muitas vezes despertam reações de repúdio de grupos religiosos fundamentalistas que fazem do preconceito e da intolerância suas regras de vida. Se a empresa cede a esse tipo de pressão, todos os seus esforços de conquista do segmento gls ficam espetacularmente anulados, sendo necessários anos e milhões para recuperar a confiança. Intolerância e respeito são incompatíveis. Não é possível agradar a fundamentalistas e minorias ao mesmo tempo, é preciso desde o início escolher com que lado se vai trabalhar.

É interessante estudar a história dos boicotes mundo afora antes de tomar a decisão, no entanto.

Tanto grupos religiosos fundamentalistas quanto movimentos de defesa dos direitos das minorias costumam ameaçar empresas com as quais não concordam com o boicote de seus produtos. O que já se constatou é que os resultados são bastante diferentes.

Religiosos não costumam sustentar seus esforços, em geral realizando apenas grandes estardalhaços para atrair a mídia, porque seu repúdio é ditado pelos dirigentes de suas igrejas ou templos e não por sentimentos intrínsecos à sua identidade. Sua indignação precisa ser despertada e dirigida, referindo-se a pessoas a quem não conhecem.

Já os boicotes promovidos por movimentos em prol de direitos iguais costumam ser muito mais duradouros e eficazes, por partirem dos sentimentos de cada pessoa e não de uma doutrinação externa. É muito mais compreensível a um gay deixar de beber determinada cerveja por saber que seus fabricantes tratam mal os empregados homossexuais – ou seja, a identificação é direta – do que um cristão evangélico fazer o mesmo porque determinada cervejaria trata bem seus empregados homossexuais.

> **O desastroso boicote à Disney**
>
> Em 1997, uma coalizão de grupos de cristãos fundamentalistas liderada pelos batistas decidiu promover um boicote ao grupo Disney, conclamando seus seguidores a deixar de freqüentar os parques temáticos do grupo e de consumir os produtos da empresa.
> As razões para esse protesto amplamente divulgado pela mídia foram que a corporação tinha estendido direitos iguais a seus funcionários gays e lésbicas, permitia que o *gay-day* acontecesse sem censuras na Disneyworld uma vez por ano, e havia produzido desenhos pouco cristãos, como por exemplo *Pocahontas*, em que a índia protagonista não se converte ao cristianismo.
> A Disney se recusou a ceder a qualquer pressão, mantendo a mesma atitude de respeito a seus funcionários e clientes gls que vinha tendo. Na verdade, apoiou a ampliação do *gay-day* para todos os seus parques, contribuindo para a sua divulgação.
> Apesar do esforço amplo dos variados grupos fundamentalistas e da insistência de seus líderes em demonizar a empresa do Mickey, a freqüência nos parques temáticos e nos cinemas, assim como o aluguel dos filmes e a venda de produtos, não diminuiu nem uma vírgula. Não houve qualquer resultado econômico negativo para o grande e divulgado movimento.
> Depois do fiasco, os grupos acharam por bem suspender oficialmente o boicote, saindo a Disney fortalecida em suas posições de inclusão e respeito depois do confronto.

Consistência ao longo do tempo

Não adianta ser homofóbico num momento, indiferente no seguinte e *friendly* mais adiante, já que consumidores – especialmente os discriminados – têm memória para ofensas e ações pouco consistentes.

Os esforços em torno da Parada do Orgulho GLBT de São Paulo são exemplos gritantes de como não fazer sua comunicação. É grande o número de empresas que acorda para o público gls um mês antes do evento, produzindo folhetos, fazendo parcerias, promovendo campanhas publicitárias no intuito de atrair uma parcela dos três milhões de homossexuais que lotam São Paulo durante o feriado de Corpus Christi.

Quando a festa acaba, esses hotéis, restaurantes, bares, lojas e shoppings se esquecem do compromisso de atender com atenção especial os consumidores gls e voltam à vida "normal" de considerar todo mundo heterossexual, tanto nas atitudes quanto em seus materiais.

Não é preciso ser um gênio para deduzir que esses esforços de último instante, completamente superficiais e sem conexão com as políticas da empresa, não trazem bons resultados. Gays e lésbicas são ótimos em detectar oportunistas e *friendlies* de estação.

A comunicação precisa não só ser sempre inclusiva da diversidade como ser consistente com todas as práticas da empresa. Não se trata de moda, mas de atitude.

Coerência entre mensagem e ação

Uma campanha bem montada, com imagens adequadas, humor não ofensivo e personagens não estereotipados ainda assim não irá funcionar se a empresa não adotar práticas de respeito em seu ambiente de trabalho.

Funcionários, atendentes e prestadores de serviço são a face da empresa perante o público. Se não tiverem sido adequadamente treinados e informados, ou ainda se pertencerem a minorias sexuais e sofrerem preconceito de colegas ou superiores no trabalho, suas falas e atitudes irão contradizer as campanhas públicas em prol da diversidade promovidas pela empresa.

A comunicação tampouco irá surtir efeito se o serviço ou produto não tiver sido pensado ou modificado para atender o público gls.

Conhecemos o exemplo de uma seguradora que realizou uma belíssima campanha com outdoors para convencer gays a comprarem seguros de saúde. Era respeitosa, positiva, mostrava dois homens bonitos e sorridentes abraçados e ainda fazia referência a famílias incomuns. No entanto, a empresa se esqueceu de formatar seus planos de modo que dois homens ou duas mulheres pudessem ser enquadrados como casais e obter os mesmos descontos e benefícios que casais heterossexuais! Se não fosse verdade, não iríamos ter coragem de dar esse exemplo, de tão absurdo que é. Por que a seguradora achou que alguém homossexual iria comprar seus planos se ela não levava em conta justamente uma das características mais básicas da homossexualidade, que é a relação entre pessoas do mesmo sexo? Por melhor que tenha sido a campanha, não trouxe resultados.

Amplitude de visão

É sábio lembrar que consumidores gays, lésbicas, bissexuais e simpatizantes existem misturados aos públicos mais variados, em todos os nichos e segmentos da sociedade. Estão entre os esportistas, militares, aventureiros, idosos, financistas, adolescentes, donas de casa, empresários, funcionários públicos, jornalistas, atores, políticos, juízes etc. etc. Não existe grupo ou categoria de pessoas que não inclua uma parcela de homossexuais e bissexuais, por mais que muitas instituições neguem sua existência ou queiram triá-los. Assim, as companhias mais atentas já planejam toda a sua comunicação levando em conta esse público oculto, que inclusive já se encontra presente entre os consumidores da maioria dos produtos.

Esse fato, que deveria ser evidente, não costuma ser percebido. A maioria das campanhas brasileiras de cerveja, por exemplo, presume que seus consumidores são todos homens heterossexuais e machistas. Esquecem-se dos consumidores homens menos rústicos, dos gays, de todas as mulheres que não apreciam ser reduzidas a bundas rebolantes e das lésbicas em particular, que aparecem nas pesquisas mundo afora como grandes consumidoras de cerveja.

Nos Estados Unidos, quando os homossexuais se cansaram desse tipo de publicidade – que infelizmente também foi prática comum por lá durante as décadas de 80 e 90 –, iniciaram uma campanha de boicote às cervejas norte-americanas nos bares e boates gls, passando a consumir apenas cervejas canadenses. Até hoje, os fabricantes Miller e Budweiser correm atrás do prejuízo, investindo pesadamente em campanhas simpáticas à diversidade com imagens freqüentes de jovens casais gays e de lésbicas. Suas pesquisas apontaram que estavam perdendo terreno para as importadas entre os clientes que consomem as cervejas mais caras, as *long necks*, e que era destacada a participação dos homossexuais freqüentadores das baladas nesse grupo de consumidores.

Um exemplo de visão, por outro lado, é o dos fabricantes de um produto tradicional como a pomada Nebacetin: colocaram no ar uma propaganda que mostra variados tipos de famílias falando da pomada, entre as quais um casal de rapazes de mãos dadas carregando um bebê. É evidente que entenderam a importância de seduzir a todos sem ofender ninguém.

Outro exemplo de amplitude de visão somado a uma grande consistência é o posicionamento do canal de televisão MTV, que sempre abre espaço para questões relacionadas à diversidade sexual tanto em sua publicidade quanto em sua programação. O canal consegue se manter assim na liderança de seu segmento e construir uma imagem de antenado com as tendências mais atuais, criando uma ponte de comunicação com os jovens que constituem seu público.

Presença na mídia e nos eventos especializados

Usar a mídia especializada – revistas, sites e jornais gays – é fundamental caso a empresa deseje realmente conquistar consumidores gls. Anúncios claros e ousados, com imagens e textos que não deixem dúvida sobre a real falta de preconceito da empresa em relação a homossexuais, é o que esse público precisa ver para começar a acreditar no envolvimento da companhia em atender o segmento gls.

O patrocínio de eventos em prol da diversidade, quando feito de forma sistemática e visível, também é um importante fator para a comunicação com gays, lésbicas, bissexuais e simpatizantes. Dado que, pelo menos por enquanto em nosso país, muitas empresas ainda relutam em associar sua marca à homossexualidade, fazê-lo repercute duplamente como um gesto de coragem e de apoio.

Paradas do orgulho, festivais de cinema, festas, congressos e feiras dirigidos a minorias sexuais são, portanto, ótimas oportunidades para cultivar uma relação de confiança e respeito.

11 | Como atender os clientes homossexuais

O atendimento é a cara ou a voz da empresa perante cada um de seus clientes. As pessoas que estão atrás do balcão, que atendem o telefone, que respondem aos e-mails do SAC são aquelas que representam para o consumidor o pensamento e as posturas da empresa.

Vamos repetir mais uma vez que, no caso do segmento gls, os consumidores são especialmente sensíveis a demonstrações de preconceito e críticos em relação aos serviços oferecidos. Ou seja, são pessoas para quem o atendimento é fundamental.

Uma pesquisa realizada pela UNIP em 2001 com freqüentadores de bares e boates gls de São Paulo apontou, por exemplo, que o fator que mais pesava na decisão de compra de um produto turístico era o atendimento. A resposta foi extravagante: 80% dos questionados achavam o atendimento "muito importante" e 20% o julgavam "importante". Ninguém optou pelas alternativas "razoável" ou "sem importância".

Essa pesquisa deixou claro que o atendimento para homossexuais é muito mais influente do que o preço e um pouco mais influente do que a qualidade dos produtos, uma ordem de fatores decisivos bastante diferente da que caracteriza o mercado tradicional.

Mas o que é um bom atendimento para homossexuais?

Além dos aspectos já conhecidos de serviços eficientes válidos para todos os segmentos, um bom atendimento para gays e lésbicas tem três aspectos distintivos: a naturalidade no atendimento, as informações diferenciadas e o foco nas necessidades específicas do cliente.

Naturalidade

Falta de naturalidade é quando o recepcionista de um hotel, por exemplo, adota uma postura de ombros rígida, uma cara pétrea e uma voz excessivamente formal quando percebe que os dois homens que está atendendo são um casal. Quando um funcionário ao telefone faz uma pausa longa assim que a cliente pergunta se pode estender os benefícios de seu seguro-saúde à companheira. Quando um garçom joga a conta no meio de uma mesa com quatro lésbicas por não saber a quem entregá-la.

Naturalidade é quando um recepcionista não muda nem o tom de voz, nem a postura corporal quando vê gestos de afeto entre casais do mesmo sexo. Quando o profissional que atende consumidores ao telefone sabe que uma parcela dos clientes da empresa para a qual trabalha é de homossexuais e que, portanto, nada mais lógico que tenham parceiros do mesmo sexo. Naturalidade é, ainda, quando quem atende não tem a expectativa de que seu público seja todo constituído de heterossexuais com papéis de gênero tradicionais.

A naturalidade é, assim, uma demonstração através da linguagem corporal, do tom de voz, das expressões faciais, expressões tanto conscientes quanto inconscientes, de que a pessoa realmente não se importa de ter contato com o gay ou a lésbica que se coloca diante dela.

Para que um atendente exiba essa naturalidade, não basta uma decisão racional ou uma ordem via memorando, já que a educação e a cultura de nossa sociedade não nos preparam ou ensinam a considerar as minorias como comuns. Para conseguir esse efeito em teoria simples, a empresa precisa atacar de vários ângulos.

Em primeiro lugar, precisa oferecer treinamentos e reciclagens constantes de todo o seu pessoal para garantir que cada um entenda as verdadeiras definições a respeito de minorias sexuais e que tenha um arsenal de conhecimentos para contrabalançar as constantes mensagens de preconceito e discriminação veiculadas pela mídia e as religiões em geral.

Em segundo lugar, a empresa precisa tratar com naturalidade os seus próprios funcionários homossexuais assumidos, dando o exemplo de como considera correta a absoluta igualdade entre heterossexuais, bissexuais e homossexuais. Quando alguém vê um colega gay sendo ouvido, respeitado, promovido e recebendo direitos iguais em seu ambiente de trabalho, esse profissional passa a acreditar que os clientes gls da empresa de fato merecem o mesmo tipo de consideração.

A convivência com homossexuais assumidos e não discriminados no ambiente de trabalho é um dos fatores mais importantes para o desenvolvimento de uma cultura de atendimento sem preconceitos e eficiente.

Em terceiro lugar, a empresa precisa adotar, através das falas e comunicados oficiais de seus gestores, a postura sistemática de respeito pela diversidade. O atendimento é apenas a ponta do iceberg da cultura da empresa, e só vai refletir naturalidade diante do cliente homossexual se todos os seus gestores, até os escalões mais altos, tiverem esse mesmo posicionamento, em público e na vida privada.

Não é à toa que gays e lésbicas consideram o atendimento tão importante, já que reflete de maneira tão transparente as verdadeiras políticas da empresa.

Demonstrações de preconceito com clientes homossexuais

Preconceito declarado
• Não atender, ignorar. Por exemplo, uma pousada que não aceita duas mulheres, hotel que não dá cama de casal para dois homens.
• Atender com evidente displicência, lentidão, má vontade. O garçom que "não enxerga" duas mulheres e demora para vir.
• Demonstrar desprezo, falar com pouco respeito, tratar de forma diferente de outros clientes. O restaurante que atende mal o casal de mulheres ou de homens no Dia dos Namorados.
• Fazer comentário ou gesto jocoso ou insultante com um colega de forma que o cliente perceba.

Preconceito velado
• Olhar de forma desaprovadora ou insistente, passando a impressão de que pensa "mas o que é isso?!".
• Enrijecer o corpo, afastar-se, adotar uma postura defensiva.
• Ser excessivamente formal.
• Chamar homens pelo feminino e mulheres pelo masculino. Perguntar algo como: "As amigas vão querer o quê?" para dois homens.
• Qualquer demonstração de nojo, raiva ou desprezo para com o cliente sem correlação com fatos que justifiquem essa atitude.

Sutil
• Pensar que gays e lésbicas são essencialmente diferentes de heterossexuais. Adotar uma postura que oponha "nós" a "eles".

Informações diferenciadas

A qualidade das informações prestadas é um dos aspectos que mais pesam para a qualidade do atendimento de qualquer tipo de negócio. É evidente, no entanto, que o atendimento vai apenas refletir o que a empresa pratique. Não se pode esperar que uma telefonista saiba o ramal do diretor de segmentação gls se não tiver sido informada de que ele existe.

Nós já presenciamos vários casos de empresas que resolveram promover um produto para gays e lésbicas mas esqueceram-se de avisar seus atendentes, que demonstraram toda a surpresa possível ao atender a telefonemas do novo público atingido.

Para que o atendimento realmente atenda, precisa estar munido de diferentes informações.

Primeiro, a informação básica de que a empresa já tem clientes gays e lésbicas. É inteligente, assim, considerar que um carro planejado para a família pode perfeitamente ser comprado por uma família homossexual, por exemplo.

Segundo, as pessoas envolvidas com o atendimento precisam saber que a empresa pretende atrair esse segmento em particular com uma postura aberta à diversidade e a oferta de produtos específicos. É essencial que conheçam as posturas de simpatia e convite que a empresa está passando através de suas ações publicitárias para que se comportem de forma coerente.

Terceiro, saber os detalhes sobre o produto ou serviço que seja do interesse desse segmento, como por exemplo um seguro de saúde que aceite parceiros do mesmo sexo como dependentes.

Quarto, ter conhecimento de que as dúvidas e dificuldades das pessoas pertencentes a minorias podem ser diferentes da maioria. Alguém que faça compras de produtos gays pela internet, por exemplo, pode querer ter certeza de que seus dados não ficarão armazenados em um banco de dados, não importando as garantias de segurança alegadas. O que para heterossexuais é um capricho, para alguns gays e lésbicas é condição para efetuar a compra.

Para oferecer um atendimento rico em informações corretas e específicas, a empresa precisa tomar as mesmas atitudes que garantem a naturalidade: treinamento, postura *friendly* no ambiente de trabalho e posicionamento claro e consistente em favor do respeito pela diversidade.

Não apenas isso, mas os departamentos envolvidos no desenvolvimento de produtos precisam levar em conta e realçar para seus vendedores, pessoal de marketing e atendimento as características que são do interesse específico do público gls.

O bom exemplo da American Airlines

Um exemplo de bom atendimento que pode ser copiado é aquele dado pela maior companhia aérea do mundo, a American Airlines. A empresa vende passagens aéreas para todos os públicos, mas faz questão de se posicionar de forma clara para conquistar os viajantes homossexuais. Suas estratégias incluem não só anúncios em revistas direcionadas ao público gay, o patrocínio de eventos glbt, uma política interna explícita de respeito, como a criação de um departamento de vendas focado no segmento, o Rainbow TeAAm.

Esses profissionais gays e lésbicas assumidos têm um grande conhecimento dos destinos e produtos interessantes para turistas homossexuais, desenvolvem ações promocionais específicas e representam a companhia nas feiras, eventos e congressos gls, fazendo um papel de relações públicas convincente.

A consistência entre posicionamento oficial e atendimento é tão grande que a AA procura fazer parcerias com empresas *gay owned*, ou seja, de propriedade de homossexuais, e exige uma postura não-discriminatória de seus fornecedores.

O resultado é que a empresa, desde que abraçou a diversidade, há mais de dez anos tornou-se a preferida de um mercado que movimenta 54 bilhões de dólares por ano em viagens apenas nos EUA, ganhou inúmeros prêmios de direitos humanos e é hoje uma referência mundial de bom atendimento a minorias sexuais.

Foco nas necessidades específicas

O atendimento será ainda mais bem-sucedido e marcará os exigentes clientes gls se, além dos requisitos anteriores, houver um esforço extra da empresa para atender necessidades específicas.

Um restaurante pode, por exemplo, pensar em adequar o jantar do Dia dos Namorados para casais do mesmo sexo, especificando "dia das namoradas e dos namorados" em suas comunicações, oferecendo duas rosas quando forem lésbicas, evitando nomes de pratos que sugiram heterossexualidade (indicações para ele e ela, por exemplo) e, claro, instruindo todos os funcionários a respeito.

Uma loja de presentes pode ser hiperchique e moderna e divulgar que aceita listas de casamento de pessoas do mesmo sexo.

O truque aqui é o de ouvir os clientes, prestar atenção no que pedem e imaginar formas de melhor atendê-los. Não há respostas prontas para nenhuma área de atuação ainda, mas essa disponibilidade em tornar o atendimento proativo com certeza tem o potencial de gerar sucesso e fidelização.

Entre os hábitos que as empresas precisam a todo custo evitar está o de cair em vícios de linguagem e pensamento que presumam que todo o seu público seja heterossexual.

Um exemplo dessa completa cegueira para a existência de gays e lésbicas entre seus clientes é dado pelo site de um grande banco nacional que oferece planos de aposentadoria privada. Quem faz tal plano precisa escolher prazos, pagamentos e também um beneficiário em caso de morte. Esse beneficiário pode ser cônjuge, companheiro, parente ou outro, dentro das opções oferecidas, mas o site foi programado para não aceitar que o cônjuge ou companheiro seja do mesmo sexo que o titular! Tamanha falta de simpatia para com as minorias aparece estampada numa tela de alerta, que informa que a opção companheiro do mesmo sexo não é válida, deixando ao cliente gay ou lésbica a alternativa de assinalar o "outro". Ou procurar outro banco.

O bom exemplo do Hotel NH

O Hotel NH de São Paulo, atualmente funcionando sob outra bandeira, sempre teve à disposição de seus clientes folhetos, *flyers* de descontos, mapas e informações de locais gls, além de fazer parcerias com estabelecimentos também focados nesse segmento para oferecer vantagens e descontos a seus hóspedes gays e lésbicas.
Os funcionários da recepção estão familiarizados com os endereços de estabelecimentos gls, e também com sua freqüência (se dirigidos a homens mais velhos ou ursos ou moçada ou quem aprecia MPB), e são capazes de dar informações a respeito de cada um.
Numa política de consistência, o hotel apoiou e patrocinou vários eventos dirigidos a esse público e adequou alguns de seus produtos e promoções, como a lua-de-mel para casais do mesmo sexo, fazendo com que todos os seus funcionários soubessem a respeito.
Como resultado, criou a reputação entre viajantes nacionais e estrangeiros, com comentários em sites gays, de ser um dos hotéis mais *friendlies* da capital.

Mais um exemplo que aborrece gays e lésbicas com freqüência é quando atendentes em lojas, num esforço de simpatia, sugerem presentes para "seu marido" ou "sua esposa", garantem que o dito ou a dita vai aprovar a cama, o armário, a lingerie ou qualquer outro produto que o gay ou a lésbica estuda adquirir.

Desnecessário dizer que os primeiros negócios a corrigir esse tipo de atendimento desfocado e pouco cuidadoso serão também os primeiros a conquistar grandes parcelas de consumidores homossexuais fiéis.

Normas claras

Uma outra medida que não é diretamente percebida pelo consumidor, mas que surte bons efeitos no atendimento, é a empresa adotar normas claras, escritas e divulgadas em todos os seus canais internos de comunicação a respeito de como atender os clientes homossexuais.

Essas normas dependem da área de atuação de cada negócio e precisam ser desenvolvidas a partir dos conhecimentos e da experiência de todos os departamentos, inclusive os que mantêm contato direto com o público.

Uma rede de hotéis para a qual prestamos consultoria, por exemplo, adotou uma maneira padronizada de oferecer suas possibilidades de hospedagem (quartos com cama de casal ou de solteiro) para todos os hóspedes, sem exceção. Gays e lésbicas, assim, passaram a receber exatamente o mesmo tratamento que hóspedes heterossexuais. A medida também determinou que os funcionários usassem sempre o mesmo roteiro de gestos e palavras neutros, escolhidos com cuidado para não presumir o sexo do acompanhante (termos como "a segunda pessoa" em lugar de "seu marido" ou "sua esposa") mesmo que o casal fosse obviamente heterossexual. Essas medidas ajudaram a retirar qualquer resquício de estranheza que o pessoal da recepção pudesse exibir ao se ver diante de casais do mesmo sexo.

As empresas que têm muito contato com o público devem pensar em fórmulas semelhantes para resolver as eventuais dúvidas que seus atendentes possam ter, como vocabulário não-sexista, postura de abertura, oferta de serviços de forma neutra etc.

Comentamos a seguir algumas questões que, em nossa experiência, são mais recorrentes.

Cantadas de pessoas do mesmo sexo

É bom lembrar, em primeiro lugar, que gays não são aqueles seres promíscuos e eternamente ávidos por sexo do imaginário popular, e que a quantidade de cantadas que possam vir a acontecer dentro de um estabelecimento *gay friendly* não vai ser nenhum problema de outro mundo.

Em segundo lugar, a empresa precisa apenas determinar de que forma seus funcionários devem lidar com cantadas em geral, seja de quem quer que se originem. O bom senso indica que se deve lidar com esse inconveniente eventual da mesma maneira como quando é praticado por heterossexuais, ou seja, o don Juan ou a conquistadora devem ser educadamente dispensados.

Casais demonstrando afeto

Beijos, abraços e carícias em público devem ser tolerados ou reprimidos de acordo com a mesma exata política do estabelecimento adotada para com casais heterossexuais. Se beijos na boca podem ocorrer entre jovens namorados, então terão que ser permitidos entre gays ou entre lésbicas, e assim por diante. A empresa preocupada com o bom atendimento fará um treinamento claro e específico de todo o seu pessoal ligado à segurança.

Dúvidas a respeito da homossexualidade do cliente

Presumir heterossexualidade ou homossexualidade é sempre correr um enorme risco de ofender seus clientes. A empresa fará bem em determinar regras de atendimento neutras, que não diferenciem ninguém. Aliás, permitir ao cliente que escolha se deseja ou não se identificar como homossexual aumenta seus níveis de conforto e passa uma imagem de discrição que agrada a uma grande parcela de gays e lésbicas.

Gays e homofóbicos no mesmo ambiente

Vivemos numa sociedade nem sempre tolerante, na qual exibir publicamente opiniões preconceituosas ainda é um comportamento aceito e praticado. Apesar de esse tipo de atitude ser cada vez mais condenado pela sociedade, estabelecimentos que acolhem vários tipos de públicos estão sujeitos a precisar intermediar confrontos entre homossexuais e homofóbicos.

Funcionários que trabalham no atendimento precisam ser claramente orientados a respeito da postura oficial da empresa de respeito pela diversidade. Assim, ainda que haja uma tradição de intolerância na sociedade, os profissionais saberão informar, com toda a cortesia possível, que naquele local não se pratica nenhum tipo de discriminação.

Em alguns estados do Brasil, essa postura não é apenas recomendada como obrigatória por lei. Veja nos anexos a lei estadual de São Paulo sobre as penalidades a serem aplicadas à prática de discriminação em razão de orientação sexual em estabelecimentos abertos ao público.

Outras maneiras de incrementar o atendimento

Duas estratégias que vêm se mostrando bem-sucedidas mundo afora são a criação de departamentos especializados no segmento gls e de canais de comunicação também específicos.

Ter todo um grupo dentro da empresa designado para pensar nos produtos, nos serviços, na comunicação e no atendimento dos clientes homossexuais sem dúvida aumenta a eficácia de todas as medidas, além de facilitar o estabelecimento das sempre necessárias alianças com entidades e associações já atuantes na comunidade.

É evidente que tais departamentos funcionam melhor se seus componentes forem homossexuais assumidos ou simpatizantes muito envolvidos com a diversidade, capazes de entender as dificuldades sofridas por grupos discriminados.

Esse tipo de departamento está se tornando uma tendência nas grandes empresas em todo o mundo, como atestam a IBM, a Hewlett-Packard (HP) e a Microsoft, entre tantas e tantas outras.

A outra medida que vem se mostrando eficaz é a criação de canais de comunicação voltados para os clientes gays e lésbicas, como sites e *newsletters*. As empresas que os utilizam sentem que a linguagem específica, as fotos e imagens inclusivas dão uma clara demonstração do envolvimento da empresa com o segmento e funcionam como argumentos sedutores para atrair novos clientes.

Conclusão

Estamos num momento muito especial da sociedade brasileira, em que aumentam a visibilidade e os direitos das minorias sexuais. Como conseqüência, aumenta também a aceitação social dos homossexuais, e um número cada vez maior de gays e lésbicas se assume. O segmento de mercado gls no Brasil tende, assim, a crescer e amadurecer.

Como conseqüência, o que já começou a acontecer mas vai aumentar exponencialmente é que os clientes homossexuais passarão a exigir respeito e naturalidade em relação à sua orientação sexual, assim como produtos e serviços pensados e adequados às suas necessidades, e ainda empresas com posturas claras e consistentes de apoio à diversidade.

Na cultura mais aberta e democrática que se cria aqui e que reflete as mudanças que acontecem no mundo inteiro, será portanto cada vez mais desastroso para os negócios lançar comunicações discriminatórias, manter funcionários preconceituosos, apoiar posições retrógradas.

Mais ainda que uma questão apenas de Brasil, como o mundo se integra em uma grande sociedade interativa e de comunicação rápida, tanto as oportunidades para quem souber atrair os clientes homossexuais como os perigos para quem os ofender serão estarrecedores. Lembremo-nos dos seiscentos milhões de gays e lésbicas mundo afora, cada vez mais impacientes para serem tratados com dignidade e respeito, cada vez mais viajantes, cada vez mais consumidores pela internet.

Se você leu esta obra toda, acreditamos que saberá como se juntar ao grupo dos que vão ganhar muito com as mudanças.

Boa sorte!

Anexos

Anexo 1
Sugestões de etiqueta glbt

Em geral

Não presumir que uma pessoa é heterossexual só porque tem uma aparência comum

Não pergunte sobre o marido presumivelmente ausente de uma mulher desacompanhada, ou a namorada ou esposa de um homem sozinho ou com uma criança. Não imagine que alguém precisa tolerar uma cantada heterossexual só por essa ser a sexualidade da maioria. Não mencione o gênero do parceiro ausente, use termos neutros como "pessoa acompanhante", "segunda pessoa" ou alguma outra forma de não presumir heterossexualidade.

Não presumir que uma pessoa homossexual sempre se assume publicamente

Mesmo as pessoas mais tranqüilas quanto à sua orientação sexual de minoria nem sempre se sentem confortáveis quando sua homo ou bissexualidade é declarada em público. Se você tem amigos ou clientes gays, não divulgue essa informação aos quatro ventos. Se a pessoa é reservada quanto à sua orientação, mantenha um nível de discrição equivalente.

Mostrar respeito na mesma medida

Isso pode parecer uma bobagem evidente, mas é muito comum que homossexuais e transgêneros sejam tratados como inferiores ou de segunda categoria, que esperem mais para ser atendidos. O funcionário que se veja diante de um grupo do outro lado de um balcão, por exemplo, não deve mudar a ordem de atendimento, nem o tom de voz, nem os gestos, não importando a quem se dirija. Preferências devem ser dadas somente a idosos, pessoas com dificuldade de locomoção e grávidas ou com crianças de colo.

Não fazer piadas ou comentários preconceituosos

Como você não tem como saber se quem está próximo é homossexual ou bissexual, o melhor é tirar comentários preconceituosos do seu repertório, assim como as piadinhas sobre veados. Fique com os papagaios.

Não presumir uma intimidade exagerada

Tem gente que, num esforço para se mostrar não-preconceituoso, exagera na intimidade, chamando seus amigos ou clientes gays de "queridas", por exemplo, contando histórias íntimas fora de contexto só para mostrar que tem amigos homossexuais, falando e rindo como se fosse mais amiga do que realmente é. Evite isso. Mantenha a mesma distância e respeito que você utiliza para heterossexuais.

Cuidado com as referências populares a homossexuais e transgêneros

Não existe quase nenhuma situação em que seja aceitável utilizar os termos populares, em geral muito pejorativos, para minorias sexuais, como veado, bicha, sapatão, boneca, traveco etc. Retire-os de seu vocabulário.

Nunca dizer "opção", "escolha" ou "preferência sexual"

Ninguém escolhe ser gay ou lésbica ou bissexual. Diga "orientação sexual". Ninguém tampouco escolhe ser transgênero, diga "identidade de gênero".

Nunca dizer "homossexualismo"

Esse foi o termo usado até 1985 para designar um comportamento de minoria como doença. Use "homossexualidade" e "bissexualidade" para demonstrar que já sabe que são alternativas saudáveis da sexualidade.

Transgêneros

Tratar de acordo com o gênero com que a pessoa se apresenta

Gays afeminados e lésbicas masculinizadas (sempre uma minoria entre homossexuais, vamos lembrar) não são transgêneros e devem ser tratados de acordo com o sexo biológico. Quando a pessoa, no entanto, dá claras mostras de que prefere ser identificada como não de seu sexo biológico, trata-se de uma transgênero. Nesse caso, deve ser tratada pelo sexo com que se apresenta socialmente. Por exemplo, um homem vestido como mulher de alto a baixo, maquiado, com cabelos longos e unhas pintadas, deve ser tratado como "senhora".

Tratar pelo nome social

Transgêneros muitas vezes têm documentos com nomes diferentes dos que usam socialmente, porque nossas leis ainda dificultam a troca do sexo nos papéis de identificação. Isso muitas vezes gera sinais evidentes de surpresa. Seja cosmopolita e não se abale com aparentes discrepâncias. Evite chamar a pessoa transgênero pelo seu nome de batismo e utilize o nome com que se apresenta. Caso você não tenha ouvido ou não se recorde, pergunte com bons modos qual é o nome da pessoa.

Aplicar a etiqueta social de acordo com o gênero com que a pessoa se apresenta

Todas as convenções válidas para tratar uma mulher devem ser respeitadas no caso de uma pessoa transgênero feminina, como abrir portas, puxar a cadeira, ajudar com a bagagem etc.

Casais de pessoas do mesmo sexo

"Sr. e Sr.", "Sra. e Sra."

Quando fizer convites, reservas, enviar correspondência e em todas as situações de contato mais formal com o casal, usar as formas de tratamento adequadas com o sexo. Se são dois homens, use duas vezes "senhor" e o sobrenome de cada um, já que aqui os homossexuais ainda não podem oficialmente casar nem optar pelo uso de sobrenomes comuns aos dois. Note que, no caso de estrangeiros, pode acontecer de dois homens ou duas mulheres terem o mesmo sobrenome em seus documentos. Nessa situação, tudo certo utilizar "Sra. e Sra. Bittencourt".

Nunca achar que duas mulheres estão esperando por uma companhia masculina

Não se intrometa nem queira fazer companhia a duas mulheres "sozinhas", não pergunte se estão esperando mais alguém, não faça referência a namorados ou maridos.

Nunca achar que dois homens estejam necessariamente esperando por mulheres

Deferência por idade

Ao tratar com casais do mesmo sexo, toda a deferência deve ser aplicada em função da idade e não em função da aparência mais masculina ou mais feminina.

Tratamento em restaurantes e recepções

Uma forma amistosa é perguntar quem dos dois ou das duas irá degustar o vinho. Puxar a cadeira para as duas mulheres. Na dúvida, colocar a conta no meio da mesa ou entregá-la a quem a pediu.

Não colocar casais homossexuais em mesas ou localizações obviamente desprivilegiadas, tratá-los com a mesma presteza e atenção que os outros clientes da casa.

Datas especiais

Em datas especiais como Dias dos Namorados, considerar a possibilidade de que dois homens ou duas mulheres sejam um casal e tratá-los como aos casais heterossexuais.

Tratamento em hotéis

Confirmar todos os dados da reserva sem dar ênfase às informações sobre o tipo de cama.

Ter a preocupação de adaptar o quarto em relação a *amenities*, artigos de uso pessoal e brindes para casais do mesmo sexo.

Apresentar todas as opções de hospedagem sem enfatizar nenhuma.

Quando necessária a realocação dos hóspedes, manter a preferência indicada no ato do *check-in*.

Notificar a governança e *room service* quando os hóspedes forem do mesmo sexo.

Como agir em situações de conflito

Para julgar se uma situação envolvendo homossexuais ou transgêneros é inapropriada, aplicar as mesmas regras utilizadas para com heterossexuais. Ter a certeza de que está tratando de maneira igual para poder responder com firmeza a qualquer acusação de discriminação.

Beijos e outras demonstrações de afeto, por exemplo, devem ser permitidos ou proibidos para todos, acompanhantes nos quartos também. Cantadas devem ser desestimuladas da mesma forma educada e sistemática para homossexuais e heterossexuais.

Quando heterossexuais homofóbicos reclamam, utilizar o argumento da legislação contrária à homofobia, quando existir, ou explicar que a postura do estabelecimento (ou sua própria) é de respeito à diversidade.

Anexo 2
Glossário de definições e termos sobre as minorias sexuais

Este glossário e o seguinte foram criados pela Associação Pró-Conceito de Gays e Lésbicas, constituída por Sérgio Miguez, Klecius Borges e João Marinho em 2002, para auxiliar comunicadores a evitarem os preconceitos já habituais e repetidos na nossa linguagem e a usarem corretamente as definições referentes a minorias sexuais.

Assumir-se (p. ext., *assumido* ou *assumida*): processo de auto-aceitação que pode durar a vida inteira. Constrói-se uma identidade de **lésbica**, **gay**, **bissexual** ou **transgênero** (consultar termos) primeiro para si mesmo, podendo depois essa identidade ser ou não revelada para outras pessoas.

Termos relacionados: **enrustido**, **não-assumido**, **no armário**, **outing**.

Atentado (violento) ao pudor: contravenção penal da legislação brasileira que se baseia na tese de que ações que ofendam o pudor público precisam ser reprimidas. Alguns utilizam esse argumento para constranger gays e lésbicas a não trocarem expressões afetivas em público. Há ainda uma outra relação, que se refere ao estupro, somente reconhecido numa relação heterossexual com vítima feminina e intercurso vaginal. Nesse caso, perante o Código Penal, gays e lésbicas, em especial os primeiros, têm reduzidas (ou inexistentes) chances de processar agressores(as) sexuais recorrendo ao crime de estupro: as relações sexuais forçadas, nesse caso, são consideradas atentados violentos ao pudor.

Bissexual: indivíduo amorosa, física e espiritualmente atraído tanto por homens quanto por mulheres. Bissexuais não precisam ter tido experiências sexuais equivalentes com homens e mulheres. Na verdade, não precisam ter tido qualquer experiência sexual para se identificarem como bissexuais.
Termos relacionados: **bissexualidade.**

Bissexualidade: termo utilizado para descrever a sexualidade dos bissexuais em seu sentido mais abrangente, compreendendo não só a esfera sexual em si (atração e prática do ato), como também a esfera afetiva e a implicação de ambas em comportamentos e relações humanas. Embora nos dicionários as palavras *bissexualidade* e *bissexualismo* figurem como sinônimos, prefira sempre utilizar a primeira, pois o sufixo *-ismo* traz uma carga semântica de conotação negativa e freqüentemente tida como inadequada para designar a sexualidade no sentido atualmente adotado pela Psicologia e ciências correlatas. Ver *heterossexualidade, homossexualidade.*
Termos relacionados: **bissexual.**

Casamento gay: utilizar esse termo somente para descrever **uniões religiosas** entre pessoas do mesmo sexo, prática adotada, por exemplo, por algumas igrejas protestantes e religiões não-cristãs. Embora a expressão em si não esteja propriamente incorreta para descrever uniões legalizadas entre homossexuais com **direitos idênticos** aos assegurados ao casamento civil heterossexual – caso da legislação holandesa –, a palavra *casamento*, em nossa cultura, remete fortemente à instituição do matrimônio religioso, e o termo *casamento gay* freqüentemente é utilizado de maneira inadequada, se não leviana, para designar o projeto de **parceria civil** (consultar termo) da então deputada Marta Suplicy – que **não prevê** um casamento civil entre homossexuais conforme o entende a legislação brasileira e **não assegura**, inclusive, direitos idênticos aos das uniões heterossexuais. Se o foco do material jornalístico (ou de parte dele), por sua vez, não for o religioso ou o civil – como quando, por exemplo, um casal de gays ou lésbicas já vive junto há vários anos sem que o Estado reconheça a união legalmente – faz-se necessário indagar junto aos respectivos participantes da união a maneira como desejam descrever seu relacionamento e seu "estado civil", devendo ser respeitada a descrição que estes adotarem.
Termos relacionados: **parceria civil.**

Crime de ódio: no contexto gay e lésbico, expressão usada para descrever crimes motivados por sentimentos homofóbicos (consultar termo **homofobia**).
Termos relacionados: **homofobia.**

Crossdresser: termo genérico usado para descrever qualquer indivíduo que se vista com roupas do sexo oposto. Embora também possa ser aplicado para designar os **travestis**, no Brasil é mais usado para descrever **transformistas, drag**

queens/drag kings (consultar termos) e pessoas heterossexuais que adotem essa prática. Não costuma ser aplicado aos transexuais, já que, nesse caso, fatores psicológicos importantes impõem uma definição à parte.
Termos relacionados: **drag king, drag queen, transformista, travesti.**

Desvio sexual: TERMO PROBLEMÁTICO. A homossexualidade não é considerada "desvio sexual" desde 1985 pela ONU, e os estudos contemporâneos de forma alguma corroboram a antiga teoria de que ser gay ou lésbica era fruto de desordens ou deficiências psicológicas. Termo altamente ofensivo, pois indica que a homossexualidade é uma "anomalia", fora da "normalidade" heterossexual. Ver *orientação sexual.*

Drag king: versão "masculina" da **drag queen** (consultar termo), ou seja, trata-se de uma mulher que se veste com roupas masculinas, também visando o lado humorístico, extravagante. Ainda são pouco numerosos no Brasil.
Termos relacionados: **crossdresser, drag queen, transformista.**

Drag queen: homem que se veste com roupas femininas de forma satírica e extravagante. Uma *drag queen* não deixa de ser um tipo de **transformista** (consultar termo), pois o uso das roupas está ligado a questões artísticas – a diferença é que a produção necessariamente focaliza o humor, o exagero. Embora a maior parte das drags queens seja homossexual, não há uma relação necessária entre esta atividade, que pode ser vista como profissional, e a orientação sexual do indivíduo.
Termos relacionados: **crossdresser, drag king, transformista.**

Enrustido: TERMO PROBLEMÁTICO. Designa, geralmente de forma pejorativa ou depreciativa, o indivíduo que **não admite** sua orientação afetivo-sexual, freqüentemente nem para si próprio. Devido à carga ofensiva, o termo não deve ser utilizado, exceto se for citado por outrem, como em uma entrevista, por exemplo – caso em que deve ser grafado entre aspas, como forma de destacar a opinião pessoal de quem o proferiu. **Termo adequado:** *não-assumido*.

Termos relacionados: **assumir-se**, **não-assumido**, **no armário**, **outing**.

Entendido(a): TERMO PROBLEMÁTICO. Gíria que denota a condição de gay ou lésbica. Não o utilize, pois conota a idéia de que a homossexualidade é algo que deve ser mantido secreto, escondido, como algo vergonhoso. É como um código: só os "entendidos" têm relações com o próprio sexo.
Termos relacionados: **homossexual.**

Gay: termo usualmente empregado para descrever homens atraídos amorosa, física e espiritualmente por outros homens. Gays não precisam ter tido experiências sexuais com outros homens. Na verdade, não precisam ter tido qualquer experiência sexual para se identificarem como gays. O termo também pode ser usado num sentido coletivo, para descrever toda a comunidade **GLBT** (consultar termo).

Termos pejorativos/depreciativos/ofensivos: os termos utilizados de forma ofensiva, depreciativa ou pejorativa para descrever gays são inúmeros e bem conhecidos. Nesta categoria, encaixam-se palavras como *veado, boiola, bicha, fruta, efeminado, maricas* e muitas outras, as quais jamais devem ser usadas para se referir a qualquer integrante deste grupo em um material jornalístico, exceto se forem citadas por outrem (p. ex., em uma entrevista), contexto no qual devem ser grafadas entre aspas para destacar a opinião pessoal de quem as proferiu. O fato de que essas palavras não transmitem credibilidade na mídia, entretanto, faz ser preferível o uso pelos repórteres de frases como "a pessoa utilizou uma palavra obscena ou difamatória para descrever uma lésbica, gay ou transexual".

As palavras *sodomita* e *pederasta*, por sua vez, são termos com origem histórica, *sodomita* referindo-se ao ato genital, e *pederasta* ao sexo com pessoas mais novas (como na Antiguidade Clássica). Não englobam a riqueza e a complexidade de uma relação amorosa entre duas pessoas adultas, e, por isso, aplicam-se a elas os mesmos princípios explicitados acima.

Generalizações inadequadas: não se devem utilizar adjetivos (como *alegre, sensível, delicado* e outros) para se referir de forma genérica aos gays, pois isso cria estereótipos. Os gays encerram uma diversidade tão rica quanto a de qualquer outro grupo social, como os próprios heterossexuais. Assim, atrelar qualquer adjetivo à orientação sexual da pessoa, e não à própria pessoa, é contribuir para a desinformação, o que não condiz com os objetivos do jornalismo. No caso de os termos serem citados por outrem com essa acepção, deve-se seguir novamente o princípio da grafia entre aspas.

Termos relacionados: **homossexual, homossexualidade.**

GLBT: acrônimo para "Gays, Lésbicas, Bissexuais e Transgêneros", utilizado sobretudo na esfera política e por incluir o maior número de pessoas na comunidade. A ordem das letras pode aparecer alterada (p. ex., LGBT).

Termos relacionados: **GLS.**

GLS: acrônimo para "Gays, Lésbicas e Simpatizantes" que se popularizou por designar, numa única sigla, não só os gays e lésbicas, mas também aqueles que, independentemente de orientação sexual, são de alguma forma solidários e abertos em relação à sua luta e/ou maneira de ser. *GLS* também é utilizado

num sentido cultural, para descrever as atividades comuns a este grupo de pessoas. Não deve, contudo, ser empregado como referência à esfera política das diversas vertentes dos movimentos gay e lésbico, que, por definição, não incluem os simpatizantes – nesse caso, utilize a sigla **GLBT** (consultar termo).
Termos relacionados: **simpatizante.**

Heterocentrismo: atitude condizente com a idéia de que a **heterossexualidade** (consultar termo) é a **única** forma de orientação sexual. Um heterocentrista não possui, *a priori*, atitudes discriminatórias ou preconceituosas diante de gays, lésbicas, bissexuais ou transgêneros, já que simplesmente "não toma conhecimento" de sua existência. Entretanto, elas podem surgir a partir do momento em que o indivíduo se dá conta dessa diversidade.
Termos relacionados: **heterossexismo.**

Heterossexismo: atitude condizente com a idéia de que a **heterossexualidade** (consultar termo) é a única forma **válida** de orientação sexual. Assim, o heterossexista tende a discriminar gays, lésbicas, bissexuais e transgêneros com base em sua orientação sexual, seja de maneira agressiva ou violenta, seja de maneira "sutil" ou "cordial". O termo é utilizado na mesma acepção que caracteriza as palavras *racismo* e *sexismo*.
Termos relacionados: **heterocentrismo.**

Heterossexual: indivíduo amorosa, física e espiritualmente atraído por pessoas do sexo oposto. Heterossexuais não precisam ter tido experiências sexuais com pessoas do outro sexo. Na verdade, não precisam ter tido qualquer experiência sexual para se identificarem como heterossexuais.
Termos relacionados: **heterossexualidade.**

Heterossexualidade: termo utilizado para descrever a sexualidade dos heterossexuais em seu sentido mais abrangente, compreendendo não só a esfera sexual em si (atração e prática do ato), como também a esfera afetiva e a implicação de ambas em comportamentos e relações humanas. Embora nos dicionários as palavras *heterossexualidade* e *heterossexualismo* figurem como sinônimos, prefira sempre utilizar a primeira, pois o sufixo *-ismo* traz uma carga semântica de conotação negativa e freqüentemente tida como inadequada para designar a sexualidade no sentido atualmente adotado pela Psicologia e ciências correlatas. Ver *bissexualidade*, *homossexualidade*.
Termos relacionados: **heterossexual.**

Homofobia: embora a etimologia da palavra aponte para o significado que denota medo mórbido em relação aos homossexuais (gays e lésbicas), o termo passou a ser empregado para descrever a rejeição e/ou aversão a estes indivíduos e à **homossexualidade** (consultar termo), conforme já registram os recentes dicionários. A postura homofóbica, dessa forma, freqüentemente se manifesta em ações discriminatórias, não raro violentas, que apontam para um ódio gratuito baseado unicamente na orientação sexual do outro.
Termos relacionados: **heterossexismo.**

Homossexual: termo utilizado para descrever **gays** e **lésbicas** (consultar termos), indistintamente. Pode ser empregado normalmente, mas vale esclarecer que seu uso se encontra hoje em discussão, dado o histórico relacionado a atividades clínicas – quando a homossexualidade era considerada doença ou desvio psíquico-sexual – e à origem ligada à palavra **homossexualismo** (consultar termo), considerada ofensiva. Alguns termos que podem vir a substituí-lo: *homoerótico* e *homoafetivo*. Se possível, utilize em lugar de *homossexual(is)* a expressão ***gays e lésbicas.***

Termos relacionados: **gays, lésbicas, homossexualidade, homossexualismo.**

Homossexualidade: termo utilizado para descrever a sexualidade dos homossexuais em seu sentido mais abrangente, compreendendo não só a esfera sexual em si (atração e prática do ato), como também a esfera afetiva e a implicação de ambas em comportamentos e relações humanas. Embora nos dicionários as palavras *homossexualidade* e *homossexualismo* figurem como sinônimos, utilize sempre **a primeira**, pois, além de o sufixo *-ismo* trazer uma carga semântica de conotação negativa e freqüentemente ser tida como inadequada para designar a sexualidade no sentido atualmente adotado pela Psicologia e ciências correlatas, a palavra *homossexualismo* é considerada **ofensiva**, dado o histórico ligado a atividades clínicas, quando o homossexual era classificado como portador de deficiências ou desvios psíquico-sexuais.
Termos relacionados: **homossexual.**

Homossexualismo: TERMO PROBLEMÁTICO. Ver *homossexualidade*.
Termos relacionados: **homossexual.**

Movimento gay/lésbico: TERMO PROBLEMÁTICO. A expressão dá a entender que existe uma unidade entre os diversos grupos e vertentes que representam os gays e as lésbicas e lutam por seus direitos. Isso não é verdadeiro: os grupos atuam em áreas distintas e se dedicam a causas distintas, não raro divergindo entre si. Se a menção for sobre um determinado grupo, deve-se especificá-lo. Se a generalização for necessária, opte pela expressão grupos de defesa de direitos dos homossexuais.

Lésbica: mulher que é atraída amorosa, física e espiritualmente por outras mulheres. Lésbicas não precisam ter tido experiências sexuais com outras mulheres. Na verdade, não precisam ter tido qualquer experiência sexual para se identificarem como lésbicas.

Termos pejorativos/depreciativos/ofensivos: os termos utilizados de forma ofensiva, depreciativa ou pejorativa para descrever lésbicas são inúmeros e bem conhecidos. Nesta categoria, encaixam-se palavras como *sapatão, mulher-macho, bolacha* e muitas outras, as quais jamais devem ser usadas para se referir a qualquer integrante deste grupo em um material jornalístico, exceto se forem citadas por outrem (p. ex., em uma entrevista), contexto no qual devem ser grafadas entre aspas para destacar a opinião pessoal de quem as proferiu. O fato de que essas palavras não transmitem credibilidade na mídia, entretanto, faz ser preferível o uso pelos repórteres de frases como "a pessoa utilizou uma palavra obscena ou difamatória para descrever uma lésbica, gay ou transexual".

Generalizações inadequadas: não se devem utilizar adjetivos para se referir de forma genérica às lésbicas, pois isso cria estereótipos. As lésbicas encerram uma diversidade tão rica quanto a de qualquer outro grupo social, como os próprios heterossexuais. Assim, atrelar qualquer adjetivo à orientação sexual da pessoa, e não à própria pessoa, é contribuir para a desinformação, o que não condiz com os objetivos do jornalismo. No caso de os termos serem citados por outrem com essa acepção, deve-se seguir novamente o princípio da grafia entre aspas.

Termos relacionados: **homossexual, homossexualidade.**

Não-assumido (a): indivíduo que não divulga ou não divulgou sua orientação sexual.

Termos relacionados: **assumir-se, enrustido, não-assumido, outing.**

No armário: termo originado do inglês que denota um indivíduo que não divulga sua orientação sexual e freqüentemente se esforça para que outras pessoas não venham a atestá-la. Uma vez que se trata de uma gíria – e, portanto, tem forte possibilidade de não ter o significado apreendido por todos os grupos sociais – recomenda-se, em seu lugar, a expressão **não-assumido**.

Termos relacionados: **assumir-se, enrustido, não-assumido, outing.**

Opção sexual (p. ext., preferência sexual, escolha etc.): TERMO PROBLEMÁTICO. Ver *orientação sexual.*

Orientação sexual: termo mais adequado para se referir à atração física, emocional e espiritual para pessoas do mesmo sexo ou do sexo oposto, incluindo, portanto, a **homossexualidade**, a **heterossexualidade** e a **bissexualidade** (consultar termos). As expressões *opção sexual, preferência sexual* e similares não devem ser utilizadas, pois sugerem, em especial no caso de gays e lésbicas, que a homossexualidade é uma escolha, logo, "curável" – o que vai contra o posicionamento atual da Psicologia e ciências correlatas e dos estudos sobre o tema. Nas ocasiões em que essas expressões forem proferidas por outrem, devem ser grafadas entre aspas, realçando o caráter pessoal da declaração do emissor.

Outing: expressão em inglês que designa o ato de revelar publicamente a orientação sexual de outra pessoa. Considerado não apropriado política e socialmente falando pela maioria da comunidade **GLBT** (consultar termo), possui um sentido de delação.

Termos relacionados: **assumir-se, no armário.**

Parceria civil (ou união civil): termo usado para descrever as uniões entre pessoas do mesmo sexo reconhecidas legalmente pelo Estado. Existem diferentes níveis de parceria civil quanto aos direitos assegurados, desde as mais simples até aquelas que se constituem de fato em *casamento gay* (consultar termo), com direitos idênticos aos do casamento civil heterossexual. Em todo caso, deve-se sempre utilizar o termo parceria civil, reservando *casamento* à esfera religiosa. Ver **casamento gay**.
Termos relacionados: **casamento gay.**

Simpatizante: termo que designa o indivíduo destituído de preconceitos e que freqüentemente simpatiza e é solidário com as lutas empreendidas por gays e lésbicas.
Termos relacionados: **GLS.**

Tese da legítima defesa da honra: artifício jurídico da legislação brasileira empregado como atenuante em determinados tipos de crime. No contexto gay e lésbico, pode ser usado como argumento, por parte do agressor, no caso de uma violência sofrida pelo homossexual. A tese baseia-se no fato de que um comportamento que denote assédio por parte do homossexual leva o agressor a cometer o crime para "proteger" a sua honra.

Transformista: indivíduo que se veste com roupas do sexo oposto movido por questões artísticas. O transformismo não está relacionado à orientação sexual do indivíduo – muitos transformistas são heterossexuais – e pode ser visto como uma atividade profissional, relacionada ao espetáculo.
Termos relacionados: **crossdresser, drag king, drag queen.**

Transexual: indivíduo que tem convicção de pertencer ao sexo oposto, o que pressupõe desejar mudar suas características fisiológicas, muitas vezes obtendo-as por meio de tratamento e cirurgia. Um transexual é aquele cujo sexo biológico não confere com sua identidade de gênero, isto é, o senso pessoal que o indivíduo possui de ser homem ou mulher. Dessa forma, a cirurgia de troca de sexo e o processo de transição (terapia hormonal, alteração de identidade, cirurgias plásticas etc.) apresentam-se como quesitos inalienáveis da felicidade do transexual, harmonizando identidade, corpo e sexo.

Termos relacionados: **transgênero, travesti.**

Transgênero: termo genérico utilizado para designar indivíduos que agem social e particularmente como pertencentes ao sexo oposto. Dessa forma, pode ser empregado tanto para descrever **transexuais** quanto **travestis** (consultar termos), indistintamente.

*Termos relacionados: **transexual, travesti.***

Travesti: homossexual que se veste e se comporta social e mesmo particularmente como se pertencesse ao sexo oposto, o que, não raro, se complementa em alterações corporais alcançadas por meio de terapias hormonais, cirurgias plásticas etc. A diferença entre **transexual** (consultar termo) e travesti está na identidade do gênero: enquanto o primeiro está convicto de pertencer ao sexo oposto e procura harmonizar corpo, sexo e identidade, o travesti, apesar de se comportar como pertencente àquele sexo, não apresenta problema semelhante na construção de sua identidade, aceitando o sexo biológico apesar das alterações corporais que promove em si.

*Termos relacionados: **transexual, transgênero.***

União civil: ver *parceria civil.*

Anexo 3
Noções difamatórias a respeito das minorias sexuais

Ativo/passivo – A orientação sexual de uma pessoa não está vinculada ao papel sexual com o(a) parceiro(a). Aliás, a sexualidade, independentemente da orientação, envolve um conjunto de fatores emocionais e afetivos que vão muito além do ato genital. Evite essa diferenciação, especialmente ao caracterizar personagens de humor.

Cura da homossexualidade – A resolução do Conselho Federal de Psicologia atualmente em vigor no país, que tem valor de lei de regulamentação do exercício profissional para psicólogos de todo o Brasil, proíbe entre outras coisas a tentativa de um psicólogo de "curar" seu paciente homossexual.

"Disfuncional", "pervertido", "desordenado", "anormal", "doente" e similares – Em 1973, a American

Psychiatric Association, ao fim de uma longa e calorosa discussão interna, retirou a homossexualidade da lista dos distúrbios mentais. Em 1999, diante da inquietação social no Brasil em torno das práticas sexuais consideradas desviantes do ideal hegemônico, o Conselho Federal de Psicologia (CFP) nomeou uma comissão de especialistas com notórias contribuições de pesquisa na área para deliberarem sobre o assunto. Assim, tanto no Brasil como em outros países, homossexualidade não é considerada doença.

Misoginia – É o chamado ódio ou receio das mulheres. Gays não são inerentemente misóginos. Do mesmo modo, lésbicas não odeiam homens, assim como não odeiam mulheres heterossexuais. O afeto de pessoas GLBT, assim como de heterossexuais, não inclui apenas o envolvimento amoroso, mas também envolvimentos afetivos e espirituais de outro cunho, como a amizade e a solidariedade a pessoas de qualquer orientação sexual.

Normal, natural – Não existe sexualidade "normal". A sexualidade humana é múltipla e plástica. Falar de "normalidade" de uma identidade ou orientação sexual pressupõe que exista um "desvio da norma", uma "anormalidade". Pelo mesmo motivo, evite o uso do termo "natural". Evite frases do tipo "fulano de tal é normal, mas tem amigos gays".

Pedofilia – Independe da orientação sexual. Um pedófilo pode ser homo ou heterossexual. As pessoas da comunidade GLBT, assim como o resto da sociedade brasileira, condenam com veemência qualquer tipo de prática sexual entre um adulto e uma criança.

Perversão – A perversão é definida como o contato exclusivo com objeto ou parte do corpo *sem envolvimento emocional*, não vinculado à orientação sexual. Homossexualidade não é perversão.

Promiscuidade – A quantidade de parceiros de uma pessoa não está vinculada à orientação sexual. Além disso, muitas vezes as falas demonstram preconceito ao diferenciar um homossexual de um heterossexual em relação ao número excessivo de parceiros: o homossexual é dito "promíscuo", o heterossexual possui uma espécie valorizada de "supermasculinidade". Segundo o Ministério da Saúde, qualquer pessoa com mais de três parceiros por ano é considerada "promíscua", independentemente da orientação sexual. Ninguém é mais ou menos promíscuo por ser homo ou heterossexual.

Anexo 4
Lei nº 10.948,
de 5 de novembro de 2001

Dispõe sobre as penalidades a serem aplicadas à prática de discriminação em razão de orientação sexual e dá outras providências.

(Projeto de lei nº 667/2000, do deputado Renato Simões – PT)

O GOVERNADOR DO ESTADO DE SÃO PAULO: Faço saber que a Assembléia Legislativa decreta e eu promulgo a seguinte lei:

Artigo 1º – Será punida, nos termos desta lei, toda manifestação atentatória ou discriminatória praticada contra cidadão homossexual, bissexual ou transgênero.

Artigo 2º – Consideram-se atos atentatórios e discriminatórios dos direitos individuais e coletivos dos cidadãos homossexuais, bissexuais ou transgêneros, para os efeitos desta lei: I – praticar qualquer tipo de ação violenta, constrangedora, intimidatória ou vexatória, de ordem moral, ética, filosófica ou psicológica; II – proibir o ingresso ou permanência em qualquer ambiente ou estabelecimento público ou privado, aberto ao público; III – praticar atendimento selecionado que não esteja devidamente determinado em lei; IV – preterir, sobretaxar ou impedir a hospedagem em hotéis, motéis, pensões ou similares; V – preterir, sobretaxar ou impedir a locação, compra, aquisição, arrendamento ou empréstimo de bens móveis ou imóveis de qualquer finalidade; VI – praticar o empregador, ou seu preposto, atos de demissão direta ou indireta, em função da orientação sexual do empregado; VII – inibir ou proibir a admissão ou o acesso profissional em qualquer estabelecimento público ou privado em função da orientação sexual do profissional; VIII – proibir a livre expressão e manifestação de afetividade, sendo estas expressões e manifestações permitidas aos demais cidadãos.

Artigo 3º – São passíveis de punição o cidadão, inclusive os detentores de função pública, civil ou militar, e toda organização social ou empresa, com ou sem fins lucrativos, de caráter privado ou público, instaladas neste Estado, que intentarem contra o que dispõe esta lei.

Artigo 4º – A prática dos atos discriminatórios a que se refere esta lei será apurada em processo administrativo, que terá início mediante: I – reclamação do ofendido; II – ato ou ofício de autoridade competente; III – comunicado de organizações não-governamentais de defesa da cidadania e direitos humanos.

Artigo 5º – O cidadão homossexual, bissexual ou transgênero que for vítima dos atos discriminatórios poderá apresentar sua denúncia pessoalmente ou por carta, telegrama, telex, via Internet ou fac-símile ao órgão estadual competente e/ou a organizações não-governamentais de defesa da cidadania e direitos humanos. § 1º – A denúncia deverá ser fundamentada por meio da descrição do fato ou ato discriminatório, seguida da identificação de quem faz a denúncia, garantindo-se, na forma da lei, o sigilo do denunciante. § 2º – Recebida a denúncia, competirá à Secretaria da Justiça e da Defesa da Cidadania promover a instauração do processo administrativo devido para apuração e imposição das penalidades cabíveis.

Artigo 6º – As penalidades aplicáveis aos que praticarem atos de discriminação ou qualquer outro ato atentatório aos direitos e garantias fundamentais da pessoa humana serão as seguintes: I – advertência; II – multa de 1000 (um mil) UFESPs – Unidades Fiscais do Estado de São Paulo; III – multa de 3000 (três mil) UFESPs – Unidades Fiscais do Estado de São Paulo, em caso de reincidência; IV – suspensão da licença estadual para funcionamento por 30 (trinta) dias; V – cassação da licença estadual para funcionamento. § 1º – As penas mencionadas nos incisos II a V deste artigo não se aplicam aos órgãos e empresas públicas, cujos responsáveis serão punidos na forma do Estatuto dos Funcionários Públicos Civis do Estado – Lei nº 10.261, de 28 de outubro de 1968. § 2º – Os valores das multas poderão ser elevados em até 10 (dez) vezes quando for verificado que, em razão do porte do estabelecimento, resultarão inócuas. § 3º – Quando for imposta a pena prevista no inciso V supra, deverá ser comunicada a autoridade responsável pela emissão da licença, que providenciará a sua cassação, comunicando-se, igualmente, a autoridade municipal para eventuais providências no âmbito de sua competência.

Artigo 7º – Aos servidores públicos que, no exercício de suas funções e/ou em repartição pública, por ação ou omissão, deixarem de cumprir os dispositivos da presente lei, serão aplicadas as penalidades cabíveis nos termos do Estatuto dos Funcionários Públicos.

Artigo 8º – O Poder Público disponibilizará cópias desta lei para que sejam afixadas nos estabelecimentos e em locais de fácil leitura pelo público em geral.

Artigo 9º – Esta lei entra em vigor na data de sua publicação.
Palácio dos Bandeirantes, 5 de novembro de 2001.

GERALDO ALCKMIN
Edson Luiz Vismona – Secretário da Justiça e da Defesa da Cidadania
João Caramez – Secretário-Chefe da Casa Civil
Antonio Angarita – Secretário do Governo e Gestão Estratégica Publicada na Assessoria Técnico-Legislativa

Anexo 5
Averbação para fins previdenciários da condição de parceiros homoafetivos

Diário Oficial do Estado do Rio de Janeiro do Poder Executivo nº 103, de 04 de junho de 2007 – transcrição

Atos do poder legislativo – página 1 lei nº 5.034, de 31 de maio de 2007 acrescenta parágrafo ao art. 29 da lei nº 285/79, modificada pela lei nº 3.189/99, dispondo sobre a averbação, pelos servidores públicos estaduais, da condição de companheiros do mesmo sexo, para fins previdenciários e dá outras providências.

O governador do estado do Rio de Janeiro

Faço saber que a Assembléia Legislativa do Estado do Rio de Janeiro decreta e eu sanciono a seguinte Lei:

Art. 1º – O artigo 29 da Lei nº 285, de 03 de dezembro de 1979, fica acrescido do seguinte parágrafo:

"Art. 29 – (...) § 8º – Equiparam-se à condição de companheira ou companheiro de que trata o inciso I deste artigo, os parceiros homoafetivos, que mantenham relacionamento civil permanente, desde que devidamente comprovado, aplicando-se para configuração deste, no que couber, os preceitos legais incidentes sobre a união estável entre parceiros de sexos diferentes."

Art. 2º – Aos servidores públicos estaduais, titulares de cargo efetivo, fica assegurado o direito de averbação junto à autoridade competente, para fins previdenciários, da condição de parceiros homoafetivos.

Art. 3º – Esta Lei entrará em vigor na data de sua publicação.
Rio de Janeiro, 31 de maio de 2007.

SÉRGIO CABRAL
Governador
Projeto de Lei nº 215/2007
Autoria: Poder Executivo – Mensagem nº 10/2007.

Anexo 6
Resolução do Conselho Federal de Psicologia n° 001/99 de 22 de março de 1999

Estabelece normas de atuação para os psicólogos em relação à questão da orientação sexual

O CONSELHO FEDERAL DE PSICOLOGIA, no uso de suas atribuições legais e regimentais,

CONSIDERANDO que o psicólogo é um profissional da saúde;

CONSIDERANDO que na prática profissional, independentemente da área em que esteja atuando, o psicólogo é freqüentemente interpelado por questões ligadas à sexualidade;

CONSIDERANDO que a forma como cada um vive sua sexualidade faz parte da identidade do sujeito, a qual deve ser compreendida na sua totalidade;

CONSIDERANDO que a homossexualidade não constitui doença, nem distúrbio e nem perversão;

CONSIDERANDO que há, na sociedade, uma inquietação em torno de práticas sexuais desviantes da norma estabelecida sócio-culturalmente;

CONSIDERANDO que a Psicologia pode e deve contribuir com seu conhecimento para o esclarecimento sobre as questões da sexualidade, permitindo a superação de preconceitos e discriminações;

RESOLVE:

Art. 1º – Os psicólogos atuarão segundo os princípios éticos da profissão, notadamente aqueles que disciplinam a não discriminação e a promoção e bem-estar das pessoas e da humanidade.

Art. 2º – Os psicólogos deverão contribuir, com seu conhecimento, para uma reflexão sobre o preconceito e o desaparecimento de discriminações e estigmatizações contra aqueles que apresentam comportamentos ou práticas homoeróticas.

Art. 3º – Os psicólogos não exercerão qualquer ação que favoreça a patologização de comportamentos ou práticas homoeróticas, nem adotarão ação coercitiva tendente a orientar homossexuais para tratamentos não solicitados.

Parágrafo único – Os psicólogos não colaborarão com eventos e serviços que proponham tratamento e cura das homossexualidades.

Art. 4º – Os psicólogos não se pronunciarão, nem participarão de pronunciamentos públicos, nos meios de comunicação de massa, de modo a reforçar os preconceitos sociais existentes em relação aos homossexuais como portadores de qualquer desordem psíquica.

Art. 5º – Esta Resolução entra em vigor na data de sua publicação.

Art. 6º – Revogam-se todas as disposições em contrário.

Brasília, 22 de março de 1999.

ANA MERCÊS BAHIA BOCK
Conselheira Presidente

Referências Bibliográficas

Sexualidade

BAGEMIHL, Bruce. *Biological exuberance* – animal homosexuality and natural diversity. Nova York: Stonewall Inn, 2000.
CASTER, Wendy. *Manual da sexualidade lésbica*. Lisboa: Zayas, 1993.
PICAZIO, Claudio. *Diferentes desejos* – adolescentes homo, bi e heterossexuais. São Paulo: Ed. GLS, 1998.
_____. *Sexo secreto* – temas polêmicos da sexualidade. São Paulo: Ed. GLS, 2001.
RIESENFELD, Rinna. *Papai, mamãe, sou gay* – um guia para compreender a orientação sexual dos filhos. São Paulo: Ed. GLS, 2002.

Cultura e história

COWAN, Tom. *Gay men and women who enriched the world*. Los Angeles: Alyson, 1992.
ERIBON, Didier (org). *Dictionnaire des cultures gays et lesbiennes*. Montreal: Larousse, 2003.
FOSTER, Barbara; FOSTER, Michael; HADADY, Letha. *Amor a três* – dos tempos antigos aos dias de hoje. Rio de Janeiro: Rosa dos Tempos, 1997.

GREEN, James. *Além do carnaval* – a homossexualidade masculina no Brasil do século XX. São Paulo: Unesp, 1999.

HELMINIAK, Daniel. *O que a Bíblia realmente diz sobre a homossexualidade*. São Paulo: Ed. GLS, 1998.

RICHARDS, Dell. *Lesbian lists* – a look at lesbian culture, history and personalities. Boston: Alyson, 1990.

SINGER, Bennet L.; DESCHAMPS, David (Eds). *Gay & lesbian stats*. Nova York: The New Press, 1994.

TANNAHILL, Reay. *Sex in history*. Chelsea (MI): Scarborough House, 1992.

THOMPSON, Mark (Ed.). *Long road to freedom* – the *Advocate* history of the gay and lesbian movement. Nova York: St. Martin's Press, 1994.

TORRÃO FILHO, Amílcar. *Tríbades galantes, fanchonos militantes* – homossexuais que fizeram história. São Paulo: Ed. GLS, 2000.

TREVISAN, João Silvério. *Devassos no paraíso* – a homossexualidade no Brasil, da Colônia à atualidade. Rio de Janeiro: Record, 2000.

Mercado

GLUCKMAN, Amy. *Homo economics* – capitalism, community and lesbian and gay life. Nova York: Routledge, 1997.

GROSS, Larry. *Up from invisibility* – lesbians, gay men and the media in America. Nova York: Columbia University Press, 2002.

SANDER, Katherine. *Business, not politics* – the making of the gay market. Nova York: Columbia University Press, 2004.

WITECK, Robert; COMBS, Wesley. *Business inside out* – capturing millions of brand loyal gay consumers. Nova York: Kaplan, 2006.

Visite nosso site e conheça estes e outros lançamentos
www.matrixeditora.com.br

A Febre Starbucks
Autor: Taylor Clark
O primeiro livro a mostrar o incrível crescimento da Starbucks e o frenesi de consumo de cafeína ao redor do mundo, que impulsionou o sucesso da rede. A obra combina uma investigação de peso com observações inteligentes, mostrando como uma grande empresa que vende um produto simples e tradicional, com uma aura de status social, está conseguindo influenciar o cotidiano e os padrões culturais do mundo todo.

O Jeito Mórmon de Fazer Negócios
Autor: Jeff Benedict
Em O Jeito Mórmon de Fazer Negócios, o autor e jornalista investigativo Jeff Benedict revela o cotidiano e o pensamento de oito altos executivos americanos. Não é preciso ser mórmon, nem mesmo um homem de negócios, para apreciar as lições contidas nestas páginas. Este é um livro rico em estratégias para trabalhar, viver e amar melhor do que costumamos fazer.

VC é uma Marca
Autora: Catherine Kaputa - Prefácio de Al Ries
Você também pode aprender os segredos de como pensar e agir como uma marca e tomar as rédeas de sua carreira, sua empresa e sua vida. Utilize estratégias e ferramentas de brainstorm usadas por executivos de publicidade e pelos melhores gerentes de marcas e aprenda as regras secretas para criar a marca única que é você mesmo.

O Que Você Faria?
Nesta caixa estão 100 cartas com 100 perguntas para você iniciar uma conversa com quem você quiser: família ou amigos. Reúna as pessoas e comece o bate-papo. A única regra é querer se divertir. Olhe aqui dois exemplos: - O que você faria se estivesse preso por um crime que não cometeu e tivesse a oportunidade de fugir? - O que você faria se pudesse banir da face da Terra um tipo de música? Qual seria?

ideia ação